UNA GESTIÓN POR OBJETIVOS

OKR y BPM JUNTOS EN LA PRÁCTICA

La Gestión Estratégica de sus Procesos de Negocio.

© Cláudio Pires

Índice general

UNA GESTIÓN POR OBJETIVOS 1

DEDICATORIA 2

MISIÓN 3

VISIÓN 4

EN LA PRÁCTICA 5

PARTE I UNA GESTIÓN POR OBJETIVOS 7

La invitación a una Gestión Por Objetivos 8

El entendimiento de una Gestión Por Objetivos 12

Una Gestión Integrada Por Objetivos 21

PARTE II EL CORAZÓN DE LA ESTRATEGIA 33

¿Por qué? 34

El Compromiso con la Misión y la Visión 35

Más Ejemplos de Objetivos 38

PARTE III EL CEREBRO DE LA TÁCTICA 40

¿Cómo?	41
La Planificación del Proyecto	43
Los Resultados Clave	53
PARTE IV EL CUERPO EN ACCIÓN	57
¿Qué?	58
La Gestión Por Procesos	59
Las Iniciativas	62
Ejemplos de Iniciativas	64
PARTE V LA COORDINACIÓN INTEGRADA	67
¿Cuándo?	68
La Medición y la Comunicación	71
El Éxito	83
PARTE VI UNA NUEVA VISIÓN	85
La Innovación	86
La Cultura	88
Una Vida Por Objetivos	92
¿QUÉ QUEDA POR DECIR?	95
Sobre mí y dónde nos encontramos	96
De mis libros y la serie Gestión En La Práctica	100

DEDICATORIA

"Llegué justo a tiempo para verte despertar. Llegué corriendo delante del sol. Abrí la puerta y, antes de entrar, repasé toda mi vida... Pensé en todo aquello de lo que podía hablar (que sólo nos sería útil a los dos): señales del bien, deseos vitales, pequeños fragmentos de luz. Hablar del color de las tormentas, del cielo azul, de las flores de abril; pensar más allá del bien y del mal, recordar cosas que nadie ha visto. El mundo está ahí, siempre girando, y encima todo vale: ¡quizá eso signifique amor! El camino para hacer realidad el sueño..."–Milton Nascimento, "Quién Sabe Eso Quiere Decir Amor".

" *Niñita, qué graciosa eres: una cosita así, empezando a vivir. Quédate así, mi amor, sin crecer, porque el mundo es malo. Es malvado y de pronto vas a sufrir desilusiones, porque la vida es sólo su monstruo. Quédate así, quédate así, siempre así; y acuérdate de mí por las cosas que te he dado. Y no me olvides tampoco, cuando por fin sepas todo lo que te he guardado."*–Toquinho, "Vals Para Una Niñita".

MISIÓN

Escribo sobre todo lo que desearía que ya se hubiera escrito y que también me faltó leer. Comunico sólo sobre lo que he vivido, experimentado, aprendido, cometido errores y necesitado organizar en mi cabeza para un mejor desempeño profesional. Escribo y comunico con teoría y práctica, equilibrando lo simple y lo complejo para un mundo de negocios mejor. Que mis libros también promuevan tu carrera, tu trabajo, tu equipo, tu sector laboral y tu empresa.

VISIÓN

Busco establecer una carrera como autor de libros de negocios, acompañada de la oferta de entrenamientos, conferencias, consultoría y mentorías; a través de amplios contenidos propios, reconocida actuación innovadora, continuas soluciones creativas y una real entrega de valor a quienes me reservan su tiempo y atención. La propuesta es que todos sigamos una trayectoria ejecutiva de liderazgo, reputación y mejores resultados de negocio; en renovada asociación y confianza. Un día, pretendo ser su autor preferido.

EN LA PRÁCTICA

¡Hazlo! Te criticarán de todos modos... El mundo ya tiene demasiadas personas buscando ganancias; el mundo necesita más personas buscando calidad. Hagas lo que hagas, hazlo lo mejor que puedas. Y hazlo todos los días. Sé consciente de lo que representas. Busca la verdad que une la teoría y la práctica. Posterga tu reconocimiento. Confía en el camino. Comunícate siempre, como lo harías con un amigo. Comprende tu dolor, pero déjalo en el pasado. Domina tus palabras y estimula tus acciones. Lee y vuelve a leer. Haz y vuelve a hacerlo. ¡Repite muchas veces! Luego, aprende de lo que has hecho: siéntete, justificadamente, orgulloso. Aprovecha para revisar tu proceso, una vez más. Concéntrate de nuevo en lo que estás haciendo, ahora. ¡Presta atención! Ordena tus ideas. Avanza despacio, pero avanza siempre. Continúa, así, durante 1 mes, 1 año, 10 años, 1 vida. Transforma tus cicatrices en algo creativo. Sé consciente de por qué lo haces. Haz lo que haya que hacer; cuando haya que hacerlo. Haz un poco más y no pares. ¡Hierve tu cabeza! (risas) Escribe la primera frase y cree. Escribe la mayor cantidad de frases posible. Sigue la corriente de la escritura. La competición es interna, con nosotros mismos. Elabora tu técnica; estudia lo que necesites. ¡Nada más! Debes saber cuándo ir directo al grano y cuándo introducir un nuevo concepto. Sé ágil, pero no seas precipitado. Confía en la memoria y en la inteligencia de tu trayectoria. Sigue el camino que cuida mejor de ti. Transforma las resistencias en colaboraciones. Cuando las cosas salgan mal, aún puedes recurrir al arte (siempre tendremos las canciones de Paul McCartney)... Desafía los límites, sé amable y reúne colaboradores. Trabaja no para convertirte en el mejor profesional, sino para ser una persona mejor; ¡la mejor versión de ti mismo! Desarrolla tu trabajo hasta el estado del arte, profundamente. Recibe las críticas exactamente como recibes los elogios. Si sabes hacerlo, demostrarás tu experiencia. Elimina los comportamientos innecesarios. Muestra tu toque personal. Trabaja sin miedo. Reconoce las nuevas verdades cuando las oigas. Continúa. Cuando hayas llegado más lejos, continúa un poco más. No dejes de cambiar. Acepta las imperfecciones de las versiones preliminares. Entrega sin preocuparte de recibir de vuelta. ¡Pero recibe con gratitud! No te incomodes tanto con aquellos que no quieren ser ayudados. Lee a los que ya han escrito antes que tú. Anima a los que vendrán después. Sal de la "caja", del camino limitante. Despierta, estás preparado: olvida todas las reglas e improvisa. De nuevo: ¡olvida todas las reglas e improvisa!

PARTE I UNA GESTIÓN POR OBJETIVOS

La invitación a una Gestión Por Objetivos

"Tienes un coche veloz y yo quiero un pasaje a cualquier parte. Tal vez, podamos hacer un trato; tal vez, juntos, podamos ir a alguna parte. Cualquier sitio es mejor: comenzando de cero, no tendremos nada que perder. Tal vez hagamos algo. Yo mismo no tengo nada que demostrar."–Tracy Chapman, "Fast Car"

Sigue mi cordial llamado. Haz las maletas para cumplir una importante misión. Pruebas por delante, el premio será la garantía de un descubrimiento profesional y personal. Te ayudaré a decidir lo que realmente hay que hacer. Mitigando crisis y peligros, la propuesta es una trayectoria de cambio y transformación, a lo largo de esta lectura: un inspirador "Periplo Del Héroe"[1].

* * *

Volatilidad, **incertidumbre**, **complejidad** y **ambigüedad**: sí, sólo sobreviviremos si sabemos estar un poco más locos, en este complejo "Mundo V.U.C.A."[2] (del inglés, "*Volatility, Uncertainty, Complexity y Ambiguity*").

Todo lo que nos rodea es muy veloz: la ciencia, la tecnología y los negocios; y todo es también muy imprevisible.

Pero calma, respira...

¡Hay una solución! Y la solución está en la flexible **agilidad**[3]: se trata de saber mejor cómo inclinarse, desviar o girar; aceptar

---

[1] https://es.wikipedia.org/wiki/Monomito
[2] https://es.wikipedia.org/wiki/VICA
[3] https://es.wikipedia.org/wiki/Manifiesto_%C3%A1gil

y "abrazar" los cambios inevitables, desarrollando una capacidad serena y superior para tomar decisiones y establecer prioridades.

- Por más **colaboración**.
- Por más **resultados**.
- Por más **adaptación**.
- Por más **experimentación**.

Hum, tiene sentido; ¡y para eso estamos aquí!

* * *

Misión, **Visión** y **Principios**, en alineación transparente de la **estrategia** (de un punto A para un punto B); tal y como se expone en mi presentación personal inicial.

- ¿Por qué?
- ¿Cómo?
- ¿Qué?

Así, en las próximas secciones, avanzarás a través de la división anterior, en sus partes principales.

Cada parte está diseñada para ayudarte a leer y razonar con fluidez, conformando el modelo mental de este libro, para que tú:

- te sientas estimulado por la **oportunidad** del tema,
- entiendas cómo realizar tu **proyecto** de implementación,
- manteniendo ese **servicio** "vivo" y
- avances un paso más en la creatividad y la **innovación**.

Siendo más específico, queremos:

- entender muy bien lo que representan los "OKR",
- diseñar un proceso de implementación de "OKR",
- gestionar la ejecución de este proceso implementado,
- personalizar y extender el proceso estándar, sin miedo.

Quiero ofrecerte respuestas a las mismas preguntas que yo me he hecho en el pasado para entender realmente el propósito de **una gestión por objetivos**:

- ¿Qué queremos conseguir con cualquier conjunto de OKR?
- ¿Qué riesgos y oportunidades deben tenerse en cuenta al definir estos OKR?
- ¿Cómo equilibrar objetivos realistas pero desafiantes, para impulsar y resaltar el crecimiento?
- ¿Cómo medir el progreso en la dirección de los objetivos?
- ¿Cómo alinear la visión y estrategia por parte de todos los equipos de toda la organización?
- ¿Qué recursos, apoyos y colaboración son necesarios?
- ¿Cuál es el ritmo previsto y qué ceremonias se sugieren, de acuerdo con el proceso estándar?
- ¿Qué acciones o iniciativas deben llevarse a cabo?
- ¿Cómo supervisar, orientar y registrar el aprendizaje?
- ¿Cómo celebrar los éxitos y cómo superar los desafíos a lo largo del camino?

Así que creo que el libro es completo: en su título, en su orientación didáctica y en el éxito de cada lector; sin introducciones prolongadas, con una concreta demostración práctica de los conceptos y evidenciando la experiencia del autor.

"Directo al grano" y sin que parezca una disertación histórica: al fin y al cabo, este es un libro de negocios, orientado a los negocios.

Desde estas primeras líneas, sólo deseo que sigas sin ansiedad, en agradable comodidad y confiada orientación: que te sientas guiado, experimentes vivencias reales, elabores tus propias reflexiones, estés seguro de los aprendizajes alcanzados y sepas planificar tus próximas acciones, en óptima lectura.

El entendimiento de una Gestión Por Objetivos

"Bueno, no soy ningún héroe (que quede claro). Toda la redención que puedo ofrecer está bajo este viejo capó. Con la oportunidad de hacer que todo funcione, de alguna manera, ¿qué otra cosa podríamos hacer ahora? Aparte de bajar la ventanilla y dejar que el viento te tire el cabello hacia atrás. La noche se abrirá delante de esas dos vías nos llevarán a cualquier lugar. Tenemos la última oportunidad de hacerlo realidad, de cambiar esas viejas alas por ruedas. Así que, sube: el cielo está esperando delante de la carretera." – Bruce Springsteen, "Thunder Road"

Piensa en "alineación". Todos juntos, en colaboración, sumando esfuerzos. Sin distracciones, sin modas, sin dudas sobre lo que es prioritario. Con concentración y claridad. Diariamente. Mensualmente. Anualmente. Un **alineación total**.

Inmejorable, ¿verdad?

Este es, pues, el objetivo de cualquier liderazgo y el objetivo de **una gestión por objetivos**:

- gestionar los recursos limitados,
- para optimizar la obtención de los resultados,
- que realmente importan.

Vale la pena enfatizar, un poco más, esa frase...

Los recursos son, claramente, limitados (tiempo, energía, dinero) y se agotarán de todos modos: con o sin gestión de los mismos. Acepta, también, que las óptimas entregas son, realmente, bien diferentes de las entregas razonables o apenas suficientes. Y no tiene sentido entregar algo muy bueno sin su aplicación práctica.

Sí, es complejo: implica ritmo, implica disciplina, busca ser sostenible y ágil, sin desperdicios (de tiempo, de personas, de material, de dinero), en continua adaptación y mejora, en pro de la excelencia y la felicidad.

¡Porque la **felicidad** siempre será la finalidad de toda buena gestión! ;-)

Al final del día, es un placer volver a casa sintiéndonos justificadamente orgullosos de nuestro progreso absoluto e incuestionable.

Por tanto, podríamos calificar nuestro tema como un "gerenciamiento por directrices".

O, si se prefiere otro término ya existente, una "administración por objetivos".

Hoy, sin embargo, es más común utilizar el acrónimo en inglés, "OKR" (*"Objectives and Key Results"*): Objetivos y Resultados Clave.

En el pasado, todo giraba en torno a la "medición organizativa".

Prefiero llamar, en mi obra "**Una** Gestión Por Objetivos" (con énfasis en ese artículo indefinido, que compone el título del libro): al fin y al cabo, no es la única, es una más, es mi interpretación; que busca atraer y abrazar todas esas similitudes mencionadas en los términos anteriores.

"Una Gestión Por Objetivos" = "Gerenciamiento Por las Directrices" + "Administración Por Objetivos" + "OKR" + "Medición Organizativa"

No me preocupa aquí establecer las diferencias: ¡me interesa más la fuerza del conjunto, la suma total!

Y, como ya he dicho, toda felicidad necesita este grado de libertad, creatividad y una cierta revolución: creo que también te he oído decir que te gustaría cambiar el mundo, ¿verdad?

Caminos (ya sean procesos o libros) rígidos, llenos de reglas y restricciones, tienden a ser aburridos, tediosos y amenazadores. Acepta esta idea más ligera, con confianza en el autor y transparencia en el contenido. Al final, ¡personalice también su propia implementación!

* * *

Aunque estemos hablando de "**Una** Gestión Por Objetivos", no vamos a dejar de conocer lo que predica el enfoque clásico, lo que rige el uso común del proceso estándar.

Google, Spotify, Twitter, LinkedIn, AirBnB, Amazon, Adobe, Uber, Dropbox, Oracle; por nombrar sólo algunos de los grandes adoptantes de OKR.

Pero ¿Cómo hemos llegado hasta aquí?

¡Apoyados sobre los hombros de gigantes!

Sí, con mucho respeto y admiración, es necesario hacer una pequeña referencia histórica...

Comenzamos por la original implementación de la Gestión Por Objetivos, en **1954**, por el extraordinario **Peter Drucker**[1], en su libro "The Practice Of Management"[2]: fue la base del equilibrio y la armonía entre los objetivos personales de los empleados y los objetivos estratégicos de la organización.

Aunque todavía un poco más centrada en el "¿qué?" que en el "¿cómo?", fuertemente jerarquizado en silos/sectores y en la alta gerencia, un poco tímida a la hora de afrontar riesgos y con

---

[1] https://es.wikipedia.org/wiki/Peter_F._Drucker
[2] https://www.amazon.com/Practice-Management-Peter-F-Drucker/dp/0060878975

largos intervalos anuales de revisión y actualización, el enfoque de Drucker difundió mucha, mucha inspiración.

Es probable que este enfoque persista aún hoy en algunas de las empresas que conoció: una anticuada pero admirable longevidad.

En un segundo momento de destaque, tuvimos, entonces, Andrew Grove[3], el CEO que transformó Intel, de **1987** a 1998, y evolucionó la idealización de Drucker en dos preguntas simples y fundamentales: "¿hacia dónde quiero llegar?" y "¿cómo sabré que estoy llegando?"; creando el moderno modelo de OKR (*"Objectives and Key Results"*Objetivos y Resultados Clave).

"Andy" Grove incorporó cambios al modelo de Drucker, adoptando una evaluación más frecuente de los resultados (mensual y trimestral) y buscando resultados mucho más desafiantes y agresivos, como escribió en "Gestión de Alta Performance: todo lo que un gestor necesita saber para gestionar equipos y mantener la concentración en los resultados"[4].

A partir de este personalizado "iMBO" (*"Intel's Management By Objectives"*), Grove extendió también su adaptación a una comunicación más pública y transparente, con intereses motivados por el "nivel operacional" y sin alimentar expectativas por bonus, recompensas o compensaciones financieras.

Y, en la última etapa de consolidación, tenemos a **John Doerr**[5], presidente de Kleiner Perkins, empresa del mercado de inversión, que llegó a trabajar en Intel. Luego difundió la metodología a algunas de las empresas de su cartera, entre las que destaca Google ("Evalúa lo Que Importa: Como Google, Bono Vox y la Fundación Gates sacudieron el mundo con los OKR"[6]).

Con Doerr y Google, los OKR conquistaron fama mundial y

---

[3]https://es.wikipedia.org/wiki/Andrew_Grove
[4]https://www.amazon.com.br/Gest%C3%A3o-Alta-Performance-gerenciar-resultados/dp/855717358X
[5]https://en.wikipedia.org/wiki/John_Doerr
[6]https://www.amazon.com.br/Avalie-que-Importa-Funda%C3%A7%C3%A3o-Sacudiram/dp/855080455X/

ahora se utilizan como una importante herramienta de gestión del rendimiento, en diversas empresas... ¡incluyendo la mía, Fonte Patología Oncológica[7]!

Los principales nombres de esta hermosa evolución son: Peter Drucker >> Andrew Grove >> John Doerr.

También merece la pena ver el video de Rick Klau, en YouTube ("How Google sets goals"[8]), sobre la popular implementación de los OKR en Google: ¡com un número impresionante de más de 1 millón de visualizaciones!

Evidentemente, leí y me interesé por todas las referencias anteriores; pero me cuidé de añadir mis propias ideas, en un escrito habitual de unas 100 páginas, partiendo de una primera hoja en blanco, con la certeza de lo vivido, experimentado y organizado, yendo "directo al grano" y en un estilo de redacción que recuerda siempre a una agradable conversación con un amigo.

Cuando se habla de OKR, hay mucho disponible y gratuito, pero, infelizmente, nada más que breves traducciones de estos originales, en interpretaciones inflexibles y análisis superficiales: no creo en ningún "copiar y pegar".

* * *

Y ya que hablamos del término clásico "medición organizativa", vale la pena comprender cuanto antes, algunas diferencias originales entre **"KPI"** (*"Key Performance Indicators"*, Indicadores Clave de Desempeño) y **"OKR"** (*"Objectives and Key Results"*, Objetivos y Resultados Clave).

- Los Indicadores Clave hacen parte de las **Operaciones** habituales, mientras que los Resultados Clave hacen parte de la **Estrategia** diferenciada.

---

[7] https://fontemd.com/
[8] https://www.youtube.com/watch?v=mJB83EZtAjc

- Los Indicadores Clave componen un **Panel de Control** (*"dashboard"*[9]) de instrumentación, mientras que los Resultados Clave atribuyen **metas a las medidas**.
- Los Indicadores Clave son utilizados a **largo plazo** e informan de un **mantenimiento confortable** de que todo funciona bien, mientras que los Resultados Clave son redefinidos a **corto plazo** y desafían a las **metas ambiciosas**.
- Los Indicadores Clave buscan la **implicancia** de las personas, mientras que los Resultados Clave necesitan del **compromiso** de las personas (como en la fábula "La Gallina y el Cerdo"[10]: la gallina está solamente implicada en el nuevo restaurante "Huevos con Jamón", mientras que el cerdo está, realmente comprometido).
- Los Indicadores-Chave ayudan en la **ejecución del negocio**, mientras que los Resultados Clave sirven para **transformar el negocio**.
- Los Indicadores Clave son accesorios de las **actividades de procesos**, mientras que los Resultados Clave soportan la **experiencia del cliente**.
- Los Indicadores Clave prioritarios evolucionan hacia los Resultados Clave (como diría la raza "Borg"[11], en la ficción "Star Trek": "resistir es inútil, serás asimilado").

Sólo a partir de esta clara diferenciación (raramente presente en la mayoría de los textos sobre los KPI o los OKR) ¡creo que podemos llegar a comprender la gestión por objetivos!

Sí, el tablero de instrumentos de tu coche te dará información útil sobre la capacidad de combustible, el consumo medio, la velocidad instantánea, la velocidad media, la distancia recorrida, la temperatura y el régimen del motor, el cierre de puertas y ventanas, etc. Pero esto no es garantía de que llegues a tiempo a tu compromiso.

---

[9] https://es.wikipedia.org/wiki/Panel_de_instrumentos
[10] https://pt.wikipedia.org/wiki/A_Galinha_e_o_Porco
[11] https://es.wikipedia.org/wiki/Borg_(Star_Trek)

A continuación, te expongo la conceptualización básica de los OKR.

OKR es una metodología de estructura colaborativa y fijación de metas que ayuda a las organizaciones a alcanzar sus objetivos a través de resultados medibles.

Una metodología para alinear la estrategia organizativa con los objetivos y las personas, ofreciendo enfoque, transparencia, compromiso y responsabilidad.

Observa: ¡estamos avanzando! ;-)

* * *

¡"Conscientes y comprometidos"!

¿Cómo obtener ese deseado **"alineamiento total"**, tantas veces mencionado como premisa (fuerte requisito) de una gestión por objetivos?

Forzarlo de arriba abajo, mediante imposiciones jerárquicas, fluyendo a través del organigrama de la empresa, es una visión inocente, ingenua: puede que funcionara en 1954, con Peter Drucker, pero ya no funciona, o al menos no es tan eficiente... y si hablamos de resultados, necesitamos ser eficientes.

Tampoco creemos ya en fórmulas mágicas, gurús o "coaches" de todos los sabores. Contratar los mejores profesionales, adquirir las mejores herramientas, dejar a todo el mundo libre de problemas tampoco lo soluciona: un idiota con una herramienta o una buena idea sigue siendo un idiota (ah, los pensamientos del ingeniero de software Grady Booch[12] me representan demasiado) ...y "Una Gestión Por Objetivos" es una idea muy buena, como para ser desacreditada.

Entonces...

---
[12] https://es.wikipedia.org/wiki/Grady_Booch

El entendimiento de una Gestión Por Objetivos

¿Ya has visto la miniserie de ficción "Battlestar Galactica"[13]?

De la nueva versión de 2003, destaca la figura del almirante William Adama, interpretado por el actor Edward James Olmos[14]: a pesar de ser un personaje de ficción, es una de mis mayores inspiraciones como líder (un día, quién sabe, podría escribir: "Lecciones de Gestión por William Adama"; risas).

Créanme: a día de hoy, ¡no he visto una respuesta mejor para crear una cultura de alineamiento!

Funciona así en la serie: cada vez que se presenta un evento, incidente o problema a la tripulación de un avión de combate, se respetan las dudas de todos, pero una vez respondidas las preguntas, se repite el estribillo al unísono: "*So Say We All*"; en traducción literal: "Así Decimos Todos".

Es decir, en la medida en que cada comunicación ha sido comprendida, sin nada más que aclarar, todos se unen en torno al contenido respectivo, que ha sido asimilado por el grupo.

Es una clara demostración de cohesión, de un fuerte sentido de equipo responsable y colaborador, respetando las ideas individuales y el momento del diálogo.

En nuestra empresa, en nuestro entorno de Chat corporativo, llamamos a este acuerdo "**Consciente y comprometido**":

- si alguien ha leído un mensaje y no ha respondido, aún no sabemos (no podemos decir) si está consciente;
- si ha registrado que está consciente, pero no está seguro, se espera que comente el mensaje en busca de más aclaraciones;
- pero al final, con todo claro y completo, se quiere ver una secuencia colectiva de notas "Consciente y Comprometido".

Anotar "consciente y comprometido" acerca de las jerarquías, convierte a todos en verdaderos colaboradores en las soluciones,

---
[13] https://es.wikipedia.org/wiki/Battlestar_Galactica
[14] https://es.wikipedia.org/wiki/Edward_James_Olmos

aporta fuerza y armonía al grupo; en definitiva, ¡se gana en alineación total de forma diaria e incremental!

Y es realmente agradable seguir la evolución de toda esta unidad en construcción...

Experimente: en su equipo, sector o empresa. Es un discurso fuerte, lejos de ser broma o una burla: la empresa nos representa y nosotros somos la empresa. Llevamos más de 10 años haciéndolo de esa manera: cada día y en cada registro de nuestra comunicación interna.

Es la "**voz del capitán**" que resuena: una voz de comando; que puede, sí, mantenerse gentil, flexible y no violenta, pero que siempre se percibe como la comunicación del liderazgo.

Como queríamos demostrar, ¡seguimos en la práctica!

Una Gestión Integrada Por Objetivos

"La libertad es apenas un sinónimo de nada que perder. Nada, y eso es todo lo que Bobby me dejó. Sentirse bien era fácil, cuando cantaba blues. Sí, sentirse bien era suficiente para mí. Suficientemente bueno para mí y mi Bobby McGee." – Janis Joplin, "Me and Booby McGee"

De las secciones que, formalmente, ocupan un documento tradicional de "Caso de Negocio", podemos enumerar:

- Sumario Ejecutivo,
- Descripción del Negocio,
- Operaciones y Procesos,
- Análisis de Riesgos,
- Equipo Gerencial,
- Marketing, Ventas e Información Financiera,
- Marcos de Negocio.

Podemos considerar que el capítulo anterior, "El entendimiento de una Gestión Por Objetivos", ya nos ha proporcionado nuestro "Sumario Ejecutivo".

Ahora, para completar nuestro concepto de *gestión integrada*, por objetivos, hablaremos de:

- "Una Gestión Por Objetivos" y la Gestión De la Estrategia (como "Descripción del Negocio"),
- "Una Gestión Por Objetivos " y la Gestión Por Procesos (sobre "Operaciones y Procesos"),
- "Una Gestión Por Objetivos " y la Gestión De los Riesgos ("Análisis de Riesgos"),

- "Una Gestión Por Objetivos " y la Gestión Con Gente ("Equipo Gerencial"),
- "Una Gestión Por Objetivos " y la Gestión Comercial y Financiera ("Marketing, Ventas e Información Financiera").

Lo que quiero hacer aquí es "presentarte esta idea", mi "*business case*": tengo una propuesta de arquitectura para la solución y quiero que seas mi patrocinador; necesito encantarte, pero tengo que ser breve y claro.

Y así es exactamente como funciona nuestra ajetreada vida empresarial habitual, ¿cierto?

¡Consolidando el éxito inicial, seguiremos adelante, en evolución de los siguientes "Marcos de Negocio"! ;-)

* * *

De "Una Gestión Por Objetivos" y la **Gestión de la Estrategia**...

Todo negocio es un sistema de procesos que hace dinero, cuando:

- crea y entrega algo de valor,
- que otras personas quieren o necesitan,
- a un precio que ellas están dispuestas a pagar,
- de una manera que satisfaga sus necesidades y expectativas,
- para que el negocio tenga beneficios para los socios, empleados y de las operaciones.

Pero, antes de modelar este sistema de procesos, tenemos que pensar en cómo la organización hará su propósito de existir e alcanzará la siguiente etapa de su evolución: la Misión y la Visión de la empresa.

Misión y Visión...como empecé este libro. Estas declaraciones realmente importan, deben ser bien conocidas por todos y deben estar siempre visibles.

Porque, a partir de este punto de partida correcto, se le presentarán las primeras perspectivas sobre los clientes, las finanzas, los procesos internos y el aprendizaje y el crecimiento de la empresa.

- ¿Qué queremos hacer para llegar a más clientes?
- ¿Para tener éxito financiero?
- ¿Para satisfacer los procesos del negocio en los que debemos alcanzar la excelencia?
- ¿Para sostener nuestra capacidad de cambio y mejora?

Si cualquier estrategia es siempre llegar del punto A al punto B, considerando varios puntos de vista asociados, bastará con alinear objetivos estratégicos de negocio, seguidos de la implementación de objetivos tácticos, que se ejecutarán a través de objetivos operativos, formando un cuerpo de conocimiento adecuado en la organización, con los respectivos rendimientos monitorizados a largo, medio y corto plazo. De este modo, lograremos una innovación superior y una rápida resolución de problemas.

Así es como hemos aprendido hasta ahora, ¿verdad?

¿Está correcto? **¡No!**

Otra vez...

¿Correcto? **No**, ¡no funciona más!

En la práctica, se ha demostrado que es una afirmación antigua: demasiado teórica, demasiado formateada.

Quizá estemos demasiado acostumbrados a limitarnos a repetir este modelo tradicional de hace décadas y décadas.

La calidad en la que creemos debe ir mucho más allá que dirigir, supervisar y analizar críticamente cuestiones internas y externas;

publicadas anualmente en un extenso documento de planificación estratégica... como determinan conocidos manuales de gestión.

La rueda del mundo giró y, para mí, funcionó como he experimentado y describo a continuación...

Cada año, nuestra publicación de planificación estratégica se retrasaba más de lo previsto, era menos leída por los empleados y tenía varios pasajes repetidos de versiones anteriores de los mismos objetivos no alcanzados. Cambiar el texto de la introducción o la organización del índice no aportaba ninguna motivación adicional para la lectura; tampoco lo hacía reducir el número de páginas.

El límite para aceptar que algo muy erróneo avanzaba sin cuestionarse llegó cuando, casi al final del primer semestre de un año determinado, el Consejo de Socios seguía sin aprobar el documento (jerárquico) de planificación estratégica llamado "obligatorio".

Pero la empresa seguía trabajando intensamente en sus objetivos, revisando sus resultados esperados, fijando nuevas metas, posicionándolas en el tiempo y dándoles visibilidad con la frecuencia adecuada: eran verdaderos ciclos de creación de valor, entrega de valor y captura de valor.

Así llegamos a la Gestión Por Objetivos; ¡y consideramos que la Gestión Por Objetivos es verdaderamente estratégica cuando se convierte en la descripción completa del negocio!

¡Una postura desafiante!

Y hubo que repensar y rehacer muchas cosas:

- a partir de las declaraciones de Misión y Visión;
- sustentando tales declaraciones de Misión y Visión con acciones;
- considerando cada disciplina, habilidad y especialización contenida en la Misión y Visión;

- orientando las nuevas directrices ejecutivas de las políticas organizativas;
- completando el Modelo de Negocio a partir de los objetivos esperados;
- relacionando los objetivos con valores, clientes, relaciones, comunicaciones, actividades, recursos, asociaciones, costos e ingresos;
- dejando perfectamente claro, "cómo se gana dinero por aquí";
- eliminando, de una vez por todas, la necesidad de una Planificación Estratégica tradicional anual;
- adaptarse a una nueva realidad de planificación estratégica bimensual periódica;
- adoptando nuevos escenarios, internos y externos, con cada actualización;
- incorporando contribuciones de otras áreas de gestión en cada objetivo;
- evolucionando, con fluidez, los objetivos conectados de largo, medio y corto plazo;
- valorando objetivos específicos, medibles, alcanzables, realistas y oportunos (S.M.A.R.T.[1]);
- manteniendo el seguimiento de otros "KPI", en complemento a la medición y el análisis de los objetivos y principales resultados;
- alineando objetivos personales de los individuos con iniciativas estratégicas de la empresa;
- y, por último, invitar a todos a colaborar y ser reconocidos profesionalmente.

Comparto, entonces, esta idea: de que el objetivo más natural de una gestión por objetivos es que sea la estrategia completa, que sea todo el negocio.

¿Cómo administrar una empresa? ¡Todas las respuestas anteriores!

---

[1] https://es.wikipedia.org/wiki/S.M.A.R.T.

¡Sonríe también! ;-)

Observa: no es de extrañar que muchas "startups"[2] hayan adoptado los OKR como clave de su modelo de gestión: hazme pensar, no me diga lo que tengo que hacer; utilizan OKR como una propuesta de reflexión, de análisis de problemas y no de repetición de la misma "receta del pastel" formateada.

* * *

De "Una Gestión Por Objetivos" y la **Gestión Por Procesos**...

Lo mejor de los dos mundos: estrategia y ejecución.

Lo que creo que encaja a la perfección.

Por último, una definición didáctica (aunque simplificada) para la Gestión Integrada.

Gestión Integrada = Gestión Por Procesos + Gestión Por Objetivos

¡Arriba está la ecuación de mis días de ejecutivo! ;-)

Todo "horizontal", cruzando toda la organización: procesos y estrategia...porque los ambientes corporativos modernos ya no son más "verticales".

Con la Gestión Por Procesos, resolvemos:

- el mapeamiento de las actividades del negocio;
- los responsables por la ejecución de las actividades;
- las entregas y el ritmo de los productos de trabajo;
- la gestión de la comunicación entre los interesados;
- la garantía y el control de la calidad;
- la mitigación de los riesgos operativos;
- el escalonamiento de los problemas y las mejores relaciones y

---

[2] https://es.wikipedia.org/wiki/Empresa_emergente

- la solución automatizada de los procesos maduros del negocio.

Pero en esta interacción entre procesos, hay que considerar la existencia de procesos con granularidades muy diferentes...

Hay procesos que ven el negocio desde lejos, en una visión integral y holística; mientras que otros procesos lo siguen mucho más de cerca, centrados en sus aplicaciones específicas y dedicadas.

Reunir estos diferentes "tamaños" de procesos en una única solución de cultura de gestión no nos aporta una cohesión perfecta, no mantiene indivisible a toda la empresa, como sería deseable. Desgraciadamente, queda un espacio sin llenar, un "*gap*".

El pegamento, que garantiza esta unión, es, entonces, la Gestión Por Objetivos.

Y el hueco que se llenará, es la Formación de Líderes.

Con la Gestión Por Objetivos "orbitando" el universo de la Gestión Por Procesos, se hace mucho más natural resolver:

- los objetivos estratégicos, tácticos y operacionales;
- el gobierno corporativo y el control financiero;
- los planes de entrenamiento y las capacidades de los equipos de trabajo y
- la gestión de las decisiones y la innovación del negocio.

Así, con la Gestión por Procesos en marcha, el auxiliar seguirá desempeñando sus tareas, con adherencia (y podrá llamarse, por ejemplo, "Responsable del Proceso"); el analista evolucionará previniendo riesgos y errores, con un mayor sentido crítico (y podrá bautizarse como "Dueño del Proceso"); el gerente mantendrá su atención centrada en la armonía y el rendimiento del conjunto (re bautizándose como "Dueño del Servicio"). ...pero sólo con el añadido de una Gestión por Objetivos todo el mundo entenderá las indicaciones hacia la dirección, el rumbo y la estrategia correctos (o un nuevo "Dueño del Producto").

Ahora imagina al "Responsable del Proceso", al "Dueño del Proceso", al "Dueño del Servicio" y al "Dueño del Producto" ¡trabajando todos juntos para definir y supervisar sus respectivos objetivos y principales resultados!

¡Vaya! ¡Por fin, una gestión integrada, formando verdaderos "*champions*"!

Viva el enfoque de la excelencia operativa completa y basada en datos.

* * *

De "Una Gestión Por Objetivos" y la **Gestión De los Riesgos**...

Un sistema de gestión de metas, acompañado de una medición de desempeño. Objetivos, metas, estrategias y medidas: estas son nuestras palabras clave. Y no lo olvides: todo "S.M.A.R.T."[3], en criterios específicos, medibles, alcanzables, realistas y a tiempo.

¿Un modelo perfecto? ¿Qué podría salir mal? ¿Cuáles son las limitaciones no previstas?

Sí, hay posibilidades de "efectos colaterales", de lo que "nunca debería hacerse".

Observa los riesgos, a continuación...

- "Comportamiento antiético": una preocupación excesiva con las metas puede garantizar que se compita más de lo que se colabore, que se oculten informaciones o ideas no compartidas y que se altere el razonamiento moral correcto (mediante actitudes de fraude, deshonestidad,

---
[3] https://es.wikipedia.org/wiki/S.M.A.R.T.

reducción intencionada de la calidad, manipulación de cifras y estadísticas); con la única intención de alcanzar el objetivo definido.
- "Sin tiempo para las oportunidades": la prisa por evidenciar los resultados numéricos permite que los nuevos aprendizajes pasen desapercibidos, no se exploren o no se comprendan del todo; las tareas rutinarias pero esenciales pueden deteriorar su rendimiento, en detrimento de las llamadas acciones especiales, más directamente relacionadas con las metas.
- "Una motivación simplificada": un entorno de trabajo amplio y que prospere no depende sólo de las metas; es imposible establecer un indicador que cuantifique con precisión el bienestar del equipo, por ejemplo... más aún cuando hay metas con las que un colaborador puede no identificarse plenamente. Si conseguimos el objetivo, estamos felices; si no lo conseguimos, estamos tristes; la vida no es sólo eso...

Como perfecta ilustración de estos puntos, admiro la valentía del artículo "Nunca he tenido un objetivo" (originalmente, "*I've never had a goal*"[4]), publicado en el 2016, en el blog de la empresa [Basecamp] (https://brasil.basecamp.com/).

De la idea que resume el texto, dice el CEO Jason Fried[5]: "La razón por la que la mayoría de nosotros somos infelices, la mayor parte del tiempo, es porque fijamos nuestros objetivos no por la persona que seremos cuando los alcancemos, sino que fijamos nuestros objetivos por la persona que somos cuando los fijamos"... ¡una reflexión maravillosa! ;-)

¡Una oportuna crítica a los "objetivos artificiales", a la motivación externa e interna y una bienvenida provocación sobre el tiempo y el espacio en que tiene lugar la mejora continua!

La felicidad está en el proceso hacia el resultado, no en el resultado en sí.

---

[4] https://basecamp.com/articles/ive-never-had-a-goal
[5] https://www.linkedin.com/in/jason-fried

¿Hacia dónde queremos llegar? ¿Qué está funcionando? ¿Qué está funcionando mal? ¿Qué haremos de forma diferente? ¿Qué estamos aprendiendo?

¡Éstas son las preguntas críticas! Así que tenemos que hablar más de la gente, por favor... ¡tráeme pronto la siguiente sección!

* * *

De "Una Gestión Por Objetivos" y la **Gestión Con Gente**...

Es fácil observar ejemplos de cuando la consecución de las metas se convierte en algo tóxico, en una obsesión.

Piénsalo un momento y recordarás algo o a alguien...

Hace poco hice una compra online, con el plazo prometido para el mismo día... ¡simplemente se olvidaron de decírmelo, hasta las 23:59:59, que todavía es hoy (risas)! Y no creo que a nadie le guste que le molesten cerca de la hora de irse a dormir. La solución obvia para mejorar sería permitir al usuario fijar un intervalo de tiempo para las entregas del sitio; pero este sistema de metas ignora la realidad desde hace mucho tiempo, el marketing está en pleno apogeo, los feriados o domingos son días comunes y nadie tiene ningún control sobre esta acelerada cadena de operaciones... ¡no hay forma de detenerla, ya ven! Basta con dejar de comprar en la tienda; ¡quién lo iba a decir, han atropellado al cliente!

Por eso recurro una vez más a Jason Fried, porque también me gusta el título de su libro de 2020: ["O trabalho não precisa ser uma loucura"](el trabajo no tiene por qué ser una locura)(https://www.amazon.com.br/trabalho-n%C3%A3o-precisa-ser-loucura/dp/8595085471).

En este escenario de necesario debate sobre claridad, propósito, ritmo sostenible y equilibrio, la arquitectura de los "OKR" nos aporta una solución complementaria, de mucho valor para el modelo: los "CFR": *"Conversation"* (conversación), *"Feedback"* (comentarios), *"Recognition"* (reconocimiento).

Los "CFR" resuelven así la laguna ya presentada ("si alcanzamos el objetivo, estamos felices; si no, estamos tristes") y garantizan una evolución saludable de los OKR, considerando personas: ¡su comportamiento y sus resultados!

De hecho, el título completo de este sistema debería ser: "OKR y CFR" (y no solo "OKR"), porque es necesario insistir más en la importancia fundamental de los CFR para apoyar el modelo propuesto.

La propuesta es que estas reuniones tengan lugar en formato "1 a 1", en una conversación reservada entre un superior y su subordinado, basada en un análisis crítico de la consecución de los objetivos previstos, una revisión de los procesos utilizados y una retrospectiva de los resultados parciales.

Es la solución prevista para la formación de líderes y la adquisición de madurez en toda la organización en la gestión continua del desempeño personal; una transición del modelo decadente de recompensas y bonus hacia una meritocracia transparente y la valoración de las competencias (conocimientos, habilidades y actitudes).

Lo explicaré más adelante, en la "PARTE V", "La Coordinación Integrada"...

Por ahora, he aquí la máxima de John Doerr: "Las ideas son fáciles; la ejecución lo es todo".

* * *

De " Una Gestión Por Objetivos" y la **Gestión Comercial y Financiera**...

Aunque el mundo necesita más empresas centradas en la calidad, no podemos dejar de centrarnos en el beneficio.

Todos seguimos el ciclo de rendimientos habitual, con la planificación de los ingresos, la ejecución de la rutina financiera y el seguimiento financiero, para conseguir el beneficio deseado, respetando las diferencias de cada sector.

Y para asegurarnos de que el dinero está bajo control, hay varias posibilidades de medir los indicadores.

He aquí algunos ejemplos.

- Conquistar un nuevo mercado consumidor.
- Transformar a nuestro equipo de ventas en el mejor del sector.
- Hacer que nuestra empresa siempre sea más rentable.
- Desarrollar el trabajo remoto para reducir los gastos de oficina.

Marketing, ventas e información financiera: también buscamos, a través de la Gestión por Objetivos, acompañar una amplia relación financiera con los clientes.

A partir de estos ejemplos simplificados, queda claro que los OKR son una excelente herramienta para el Control Financiero, para el seguimiento de la gobernanza corporativa y para poner en evidencia la Gestión de las Decisiones.

PARTE II EL CORAZÓN DE LA ESTRATEGIA

¿Por qué?

"Soñar el sueño imposible, luchar contra el enemigo imbatible, soportar el dolor insoportable, ir donde los valientes no se atreven a ir, corregir el error incorregible, ser mucho mejor de lo que eres, intentarlo con los brazos agotados, alcanzar la estrella inalcanzable: ¡esa es mi búsqueda!" – Elvis Presley, "The Impossible Dream"

La pregunta fácil: ¿Qué quieres tener?

La pregunta difícil: ¿qué quieres **ser**?

Porque "tener" siempre se topará con límites concretos.

Piensa en tus ejemplos, sin culpa...

Y **porque** ¡el "ser" es infinito, continuo!

Una reflexión más difícil, ¿no?

Ahora aplicándolo a los negocios...

Porque la estrategia no es "¿cómo?" y nunca será el "¿qué?".

Este es un error muy básico, muy común y ¡muy amateur!

Creer en la estrategia pensando en el "¿cómo?" o en el "¿qué?" es una visión simplificada, superficial y, por tanto, inexacta e ineficaz.

Sí, la estrategia siempre será el **"por qué"**!

¡Porque la estrategia tiene que salir del corazón!

Es un sueño que hay que hacer realidad, ¿entiendes?

Del diccionario, "inspirar": provocar ideas, pensamientos; hacer nacer el entusiasmo creativo.

Ahora nuestro "cuerpo" está más despierto para seguir adelante, ¡con el corazón latiendo más fuerte!

El Compromiso con la Misión y la Visión

"*¡Hola! Somos tú y yo otra vez, como siempre: bebiendo vino, pasando el tiempo, intentando resolver los misterios de la vida. ¿Cómo va tu vida? Ha pasado el tiempo... ¡Dios, es bueno verte sonreír! Si te vas ahora, lo entenderé; si te quedas, tengo un plan: ¡haremos que este momento sea memorable! Puedes cantarme la melodía y yo puedo escribir algunos versos. ¿Quieres hacer de este momento algo memorable? *" – Bon Jovi, "Make A Memory"

Hemos hecho la pregunta difícil (¿qué quieres ser?), pero aún no la hemos respondido...

Tranquilo, no es tan difícil y, además, es más práctico y objetivo de lo que imaginas.

Observa los extractos resaltados en retrospectiva de mi **Visión**, ya presentada en la introducción de este libro...

"Busco establecer una carrera como **autor de libros de negocios**, acompañada de la oferta de formación, conferencias, consultoría y mentoría; a través de un amplio contenido propio, una actuación innovadora reconocida, soluciones creativas continuas y una entrega real de valor a quienes me reservan su tiempo y atención. La propuesta es que todos sigamos una **trayectoria ejecutiva de liderazgo**, reputación y mejores resultados de negocio; en renovada asociación y confianza. Un día, pretendo ser **su autor favorito**".

Del conocido pasatiempo "encuentre las palabras en el texto", encontramos entonces: "autor de libros de negocios", "trayectoria ejecutiva de liderazgo" y "su autor favorito"; que pueden transformarse en una ágil redacción de objetivos, enumerados a continuación.

- Consolidar una carrera internacional de autor de libros de negocio.
- Ser una referencia nacional en el tema del liderazgo ejecutivo.
- Vivir de los ingresos de mis escritos con independencia financiera.

Visión y Objetivos directamente relacionados, ¿no?

¡Una cohesión grata y fuerte!

Que también se pueda validar por el análisis complementar de la **Misión**.

" Escribo sobre todo lo que desearía que ya se hubiera escrito y que también echaba de menos leer. Comunico sólo sobre lo que ya he vivido, experimentado, aprendido, cometido errores y necesitaba organizar en mi cabeza para una **mejor actuación profesional**. Escribo y comunico con teoría y práctica, equilibrando lo simple y lo complejo, para un **mejor mundo de negocios**. Que mis libros también **promuevan tu carrera**, tu trabajo, tu equipo, tu sector de trabajo y tu empresa."

¿Quieres practicar uno más de estos ejercicios?

A continuación, la Visión de la empresa para la que trabajo como CEO...

"Que nuestra **excelencia médica** y nuestra **excelencia en gestión** sean percibidas **por ti**. Que la oferta del **más preciso y más rápido** diagnóstico anatomopatológico marque la diferencia **en la sociedad**. Que el liderazgo, la reputación y la innovación sean **validados por la calidad**".

Traduciendo en Objetivos, tendremos:

- Ser reconocidos por la excelencia médica del informe anatomopatológico más preciso;

- Ser reconocidos por la excelencia en la gestión del informe anatomopatológico más rápido;
- Ser rentables gracias a la calidad contrastada como diferenciador estratégico.

Demostrando, una vez más, el ejercicio de complementariedad de la Misión:

"Trabajamos por las respuestas, por la verdad, por todo lo que es real. Trabajamos siempre más, mejor y para todos. Trabajamos con la ciencia al servicio de la salud y con respeto a la vida".

¡Tal y como queríamos demostrar!

Y así suele ser: 3 objetivos grandiosos ya nos bastan...basta saber "donde buscar" y alinearse "con el corazón".

Por favor, no pierdas el tiempo en Internet investigando y copiando los objetivos de otras personas, los objetivos expuestos en archivos .PDF gratuitos o los objetivos de las populares aulas de MBA; en su lugar, ¡aprende a redactar buenas declaraciones de Misión y Visión personalizadas que favorezcan el despliegue estratégico de los Objetivos de tu negocio!

Exactamente "en la práctica", conforme se propone: nuestro propósito de existir refuerza lo que queremos ser; ¡Misión y Visión siguen siendo indivisibles, atómicas y orientando los Objetivos!

La pregunta "difícil" está, parcialmente, respondida. Resultados Clave (Parte III) y las Iniciativas (Parte IV) complementarán nuestro enfoque de Una Gestión Por Objetivos.

Más Ejemplos de Objetivos

"* ¡Respira, respira el aire! No tengas miedo de importarte. Vete, pero no me dejes. Mira a tu alrededor y elige tu propio suelo. Durante mucho tiempo vivirás; y alto volarás. Y todo lo que toques y todo lo que veas, eso es todo lo que siempre será tu vida.*" – Pink Floyd, "Breathe (In The Air)"

Bien, ya hemos entendido que los objetivos tienen que ser **ambiciosos** y que al principio pueden parecer un poco incómodos.

Pero no dejes de fijarte objetivos ambiciosos e incómodos: ¡conseguir que un objetivo esté completo en un **70%** ya es un buen resultado!

Date cuenta de que los objetivos no deben contener números ni métricas en su descripción: eso sería un grave error, una orientación confusa, una conceptualización insegura.

¡Los objetivos deben ser **cualitativos**! Nunca cuantitativos...

Si se desea, los objetivos pueden incluir un **plazo** determinado, que impulse la acción. Objetivos anuales, trimestrales...

¡Tampoco te pases de un máximo de **5** objetivos! Al fin y al cabo, tiene que haber suficiente gestión sobre ellos. En inglés, usan el término "*the vital few*", en traducción literal: "los pocos vitales"

Estas son sólo las reglas básicas, las premisas de unos requisitos fuertes, pero sin ser demasiado rígidos ni puristas.

Libremente, puede haber objetivos para numerosas actividades: para tu equipo, tu sector de trabajo o tu empresa.

Ventas, Finanzas, Marketing, RH, Compras, Logística, Investigación y Desarrollo, Ingeniería, Jurídico...

Más Ejemplos de Objetivos

¡Pudiendo ser sugeridos jerarquías superiores a inferiores y, también, viceversa!

Y los objetivos pueden servir para blindar: oportunidades y puntos fuertes que explotar, debilidades y amenazas que mitigar, perspectivas financieras, de clientes, de procesos o de aprendizaje.

He aquí algunos ejemplos más para una inspiración bienvenida.

- Alcanzar un récord histórico de aumento de la rentabilidad.
- Superar las ventas del trimestre pasado.
- Consolidar la participación en todo el mercado nacional.
- Innovar abriendo nuevos frentes de negocio rentables.
- Atraer y retener talento en la mejor empresa para trabajar.
- Mejorar continuamente las operaciones en control estadístico.
- Ser la marca líder de nuestra industria de actuación.

De los clientes, del desempeño, de los ingresos, del crecimiento, del compromiso: ¡improvise!

PARTE III EL CEREBRO DE LA TÁCTICA

¿Cómo?

"La gente repite que quiere, pero no busca, y, de un modo abstracto, se engaña a sí mismo pensando que lo ha conseguido."–Oswaldo Montenegro, "Quebra-Cabeça Sem Luz" (Rompecabezas Sin Luz).

Vamos a "queimar a mufa" (risas): pensar demasiado para conseguir un objetivo...

¡Y hablemos de números!

Del acrónimo OKR, "Objetivo" representa, correcta y adaptativamente el "¿Por qué?" y "Resultado Clave" ("Key Result") es el "¿Cómo?".

En ejemplos muy básicos: "escalar 3 montañas", "comer 5 tortas" etc.

Pero recuerda determinar, idealmente, tres Resultados Clave por Objetivo.

Así, en una versión más ampliada de la redacción estándar de OKR, tendríamos:

"Mi objetivo es [...], durante el período de [...], medido a través de [...], [...] y [...]".

Una buena sugerencia de capacidad es tener de tres a cinco objetivos por trimestre, cada uno de los cuales conlleva de tres a cinco resultados clave.

O aceptar el riesgo de equipos demasiado sobrecargados o desalineados en sus esfuerzos...

Y para calcular correctamente el progreso de cada Resultado Clave, necesitamos definir tres valores: el valor inicial, el valor de la meta y el valor actual.

¡Porque el valor inicial no siempre es cero!

Progreso = (([Valor Actual] - [Valor Inicial]) / ([Valor de la Meta] - [Valor Inicial])) * 100

En cualquier ejercicio, a continuación.

- Reducir las pérdidas al 14%.
- Valor de la Meta: 14%.
- Valor Inicial: 20%.
- Valor Actual: 16%.
- Progreso = ((16 - 20) / (14 - 20)) * 100
- Progreso = 67%

Otro ejercicio...

- Aumentar las ganancias al 20%.
- Valor de la Meta: 20%.
- Valor Inicial: 14%.
- Valor Actual: 16%.
- Progreso = ((16 - 14) / (20 - 14)) * 100
- Progreso = 33%

Sólo algunos cálculos básicos, ¡para que no haya dudas!

La Planificación del Proyecto

"* Conduciendo por una carretera, voy a un show. Paro en todos los lados de la carretera para hacer rock and roll. Que te roben, que te apedreen, que te golpeen, con los huesos rotos; estoy a punto de decírtelo: es más duro de lo que parece. Es un largo camino hasta la cima si quieres hacer rock. Si crees que es fácil tocar durante toda una noche, intenta tocar en una banda de rock: es un largo camino hasta la cima si quieres hacer rock. *" – AC/DC, "It's A Long Way To The Top"

A partir de los conceptos aclarados, ¡consideremos que ya tenemos un proyecto, entre manos!

Un proyecto es cualquier iniciativa que deba llevarse a cabo conforme a un proceso de desarrollo y gestión deseado para la entrega satisfactoria de un producto o servicio.

Ahora tenemos que poner en marcha nuestro **proyecto de sistema de gestión de objetivos para supervisar el rendimiento de los principales resultados estratégicos**.

Bonito título de documento, ¿verdad? ;-)

Lo más importante es que nuestro proyecto refleje su carácter emprendedor y que aporte mucha innovación, ¡lo que lo hará aún más bonito!

A continuación, se presenta la secuencia de actividades que conformarán el proceso de desarrollo sugerido para este tipo de proyecto:

- Establecer y mantener el compromiso,

- Planificar la medición,
- Ejecutar la medición,
- Evaluar la medición y su comunicación.

Cada una de estas etapas se detallará a lo largo de este libro y corresponden, en asociación directa, a fases comunes de la disciplina de gestión de proyectos:

- Iniciación,
- Planificación,
- Desarrollo y
- Control y Seguimiento.

De esta forma didáctica y bien organizada, será más fácil comprender su progreso y todos sus detalles.

Es una propuesta de ciclo de vida: ¡con principio, medio y sin final!

* * *

"No precipites al río (fluye solo)": ¡me encanta el título de este libro, de la psicóloga Barry Stevens[1]!

Es como llegar al aeropuerto con mucha anticipación: todo el mundo espera que el vuelo despegue sin contratiempos.

De momento, en nuestro proyecto, estamos al principio, en la fase de iniciación.

Y, si fuese un juego...

¿Todos conocen las reglas?

¿Todos van a respetar las reglas?

¿Todos están con ganas de jugar?

---
[1] https://en.wikipedia.org/wiki/Barry_Stevens_(therapist)

¿Vamos a jugar juntos?

¿Vamos a jugar de forma diferente?

¿Vamos a celebrar juntos?

Pero, ¿cómo lo hice en mi empresa? En la práctica, a continuación, enumero los pasos iniciales...

- Organiza una reunión corta: 1 hora es suficiente;
- Invita al mayor número de personas posible: haz que el evento sea importante, multidisciplinar y democrático;
- Dedica la mitad de la reunión a explicar brevemente los aspectos más destacados mencionados hasta ahora en este libro;
- Habla de todo: gestión por objetivos, gestión estratégica, gestión por procesos, gestión de riesgos, gestión de personas, gestión comercial y financiera;
- Con todo el mundo ya cómodo (y alineado) en la sesión, pase a la segunda parte de la reunión: el nuevo modelo de gestión, 100% orientado a objetivos;
- Hable de empresas conocidas que ya hayan adoptado este enfoque;
- Valoriza la posibilidad de equilibrar los objetivos: individuales y corporativos;
- Señala cómo los procesos de liderazgo (estrategia, decisión, capacidad, innovación, tecnología, inversión, viabilidad, contabilidad, etc.) suelen estar restringidos a la alta gerencia y a la dirección de la empresa y son poco visibles;
- En comparación, demuestra hasta qué punto los demás procesos (administración, regularidad, comunicación, mantenimiento, personas, cuentas por pagar, cuentas por cobrar, relaciones, control de calidad, etc.) tienen una parte operativa regular y mayor;
- Demuestra cómo una medición de indicadores aislada es muy diferente de una medición de indicadores impulsada por los

objetivos y la fuerza del conjunto (quizás la diferencia más clara entre limitarse a trabajar sobre "KPI" o madurarlos a través de "OKR");
- A continuación, abrir la reunión a un amplio debate sobre distintos ejemplos: cómo podría revisarse todo desde la nueva perspectiva y brújula de objetivos y colaboración;
- Eventos, incidentes, problemas, impedimentos, intereses: un enorme "brainstorming" sobre dónde y cómo queremos llegar;
- Concluya la reunión como su mayor experiencia colectiva de planificación estratégica en tiempo real;
- Aquí todavía no hace falta planificar nada: basta con asegurarse de que, al final del día, todo el mundo se vaya sintiéndose especial e invitado al nuevo proyecto;
- Ahora formamos parte de algo grande, ¡y nunca aceptaremos menos!

Así que, por favor, vuelve a leer estos temas... ¡con una sonrisa! ;-)

Cada uno de los puntos enumerados es muy importante y te prepara para el éxito de la aplicación que está por venir.

* * *

Planes sobre el papel (después de toda la información recopilada en la experiencia anterior).

Entienda: todo plan trata de acciones de un modelo.

El modelo es sólo una representación o interpretación simplificada de la realidad, mientras que el plan evalúa y construye el camino desde donde estamos hasta donde queremos ir.

Los modelos son estáticos y los planes dinámicos: ¡el plan es el lado racional del modelo!

La Planificación del Proyecto

Jejeje, me encantan estas revisiones conceptuales; también aportan claridad a mi razonamiento, nombrando las cosas correctamente.

Lo más curioso es que, en estudios anteriores sobre los OKR, encontré muy pocos planes detallados para su aplicación...

La mayoría de las referencias siempre me parecieron limitadas: algunas añadían testimonios o incluso una complejidad innecesaria.

Por tanto, el momento actual requiere una cierta dosis de valentía, en forma de informe de caso real y reutilizable.

Vamos a formalizar el "por qué" y el "cómo" será el trabajo, a partir de un ejemplo vivenciado.

Proporcionar a todos los participantes una comprensión adecuada del proceso en adherencia.

Presentar la información de forma clara y coherente.

En las 3 secciones siguientes tenemos: "objetivos establecidos", "principales resultados definidos, priorizados y documentados" y "procedimientos de recopilación y análisis especificados"... ¡esta es nuestra planificación!

* * *

Objetivos establecidos...

Más formalmente: **los objetivos tácticos de medición se definen en función de los objetivos estratégicos y las necesidades de información, para hacer avanzar los procesos de negocio.**

De lo que se trata en este punto es de que exista algún tipo de documento y de que éste obtenga tanto la colaboración de los implicados como la aprobación de la alta administración de la empresa: un patrocinio amplio y confiable.

La colaboración es nueva aquí, ¿no?

Y, como se ha dicho, los objetivos deben seguir revisándose y adaptándose periódicamente; por ello, el plazo que diferencia un objetivo estratégico de un objetivo táctico será siempre una configuración de la organización, sin que exista rigor en la comprensión de lo que representan los plazos corto, medio y largo.

Los objetivos estratégicos, como hemos visto, no son difíciles de registrar, ya que presentan muchas similitudes, incluso para diferentes industrias o diferentes tamaños de organización.

La belleza del nuevo modelo reside, pues, en los objetivos tácticos: ¡son el centro y la clave del éxito de la planificación!

La creatividad fluye libremente, en la conocida declaración estándar: "Mi objetivo es [...], medido por [...]", siempre favoreciendo una respuesta binaria clara y siempre acompañada de la evidencia de los números.

¡Listo! Este es el resultado esperado del panel de presentación de su documento ejecutivo: un acuerdo sobre los Objetivos ("O", "*Objectives*") y sus Resultados Clave ("KR", "*Key Results*").

Parece sencillo, pero no se puede simplificar; debe ser sencillo para que lo memoricemos, para que lo guardemos en la memoria: ¡es para todos los días y para todas las tareas!

Ah, en la próxima auditoría externa de calidad (acreditación), cómo me gustaría que me preguntaran en qué "OKR" estoy trabajando y contribuyendo, en lugar de responder si conozco los objetivos estratégicos anuales... ¡es un hecho que el mundo ha cambiado!

También es cierto que ya existen muchas aplicaciones y programas informáticos desarrollados para facilitar este ecosistema de objetivos y métricas: a medida que se avanza en el tutorial, se garantiza la adhesión al modelo conceptual... pero siempre dentro de los límites y fronteras preestablecidos de la herramienta.

Aunque una solución basada en hojas de cálculo e informes exportados a PDF parece muy manual y lenta, refuerza el aprendizaje y las nuevas arquitecturas de la información: al principio, simplemente no queremos automatizar ningún error.

Esta etapa termina con lo que se conoce como la "voz del capitán": en comunicación, por parte del liderazgo, de los objetivos establecidos.

* * *

Principales Resultados definidos, priorizados y documentados...

Iniciando, nuevamente, por la formalización de la práctica esperada de nuestro proceso: **un conjunto adecuado de medidas, guiadas por los objetivos establecidos, se define, prioriza y documenta.**

Sí, ¡para cada objetivo tendremos uno o varios resultados principales!

Obviamente, al menos uno; sin embargo, es poco probable que sólo tengamos un resultado principal en correlación directa con un objetivo.

Es natural que, para completar un objetivo desafiante y con agilidad, sea necesario añadir varios resultados (de lo contrario, tal vez, su objetivo sería más pequeño) ... ¡así que vamos a enumerar los principales!

Principales Resultados definidos, priorizados y documentados tienen la fuerza de un contrato para el objetivo: son actividades que deben realizarse en sinergia para que el objetivo común pueda declararse completado y listo.

"Uno para todos y todo para uno".

Una selección así requiere priorización y comunicación... exactamente igual que un contrato.

Por eso, la versión ampliada de la declaración OKR estándar surge de esta percepción de un contrato, buscando que todo quede aún más claro en su evolución:

"Mi objetivo es [...], durante el período de [...], medido a través de [...], [...] y [...]".

La fuerza de "Una Gestión Por Objetivos" sumada a la "Gestión Con Gente" es, ahora, decisiva, en necesaria acción interdisciplinar.

A partir de ahí, todo resulta más fácil: para identificar los Resultados Clave, ¡empieza por relacionar a los distintos líderes con los Objetivos!

Liderazgo y Resultados Clave favorecerán también el equilibrio entre los intereses individuales y los corporativos: ¡aquí la colaboración es muy bienvenida!

Como anticipamos, ¡gestionamos para ser felices!

* * *

Procedimientos de recopilación y análisis especificados...

¿Cómo se recogen los datos? ¿Automática (preferida) o manualmente? ¿Con qué frecuencia? ¿A partir de qué muestra de datos? ¿Es una muestra confiable y representativa? ¿Se trata de un valor continuo, basado en un recuento numérico o en una clasificación por categorías?

¿Cómo deben analizarse los datos? ¿Qué tipo de gráfico utilizar? ¿Un histograma, un gráfico de tendencias o un diagrama de barras? ¿Con alguna estadística descriptiva distinta del análisis gráfico? ¿Qué componentes formarán nuestro control estadístico? ¿Setpoint, mínimo, máximo y media? ¿Desviación típica?

¿De dónde proceden estos datos? ¿Cuáles son las unidades de medida? ¿Cómo podrán dos personas especificar la misma colección sin variaciones significativas? ¿Y cómo podrán interpretar los análisis de forma similar?

¡Son 17 preguntas importantes a responder!

Así que...

** Hay que especificar los procedimientos de recopilación, almacenamiento y análisis de los resultados clave para formar a los responsables de llevarlos a cabo y formar una base de datos histórica segura y correcta... ¡porque aquí nada puede ser subjetivo!

Google utiliza una escala de puntuación directa, de 0,0 a 1,0, que es puramente matemática.

A partir de los porcentajes de finalización de sus resultados clave asociados, se calcula la media aritmética de estos porcentajes para puntuar el objetivo.

Por ejemplo:

Progreso % KR = (Progreso % KR1 + Progreso % KR2 + Progreso % KR3) / 3

Esto explica la necesidad de que cada resultado clave lleve su propio número, en la meta y en el seguimiento: de ahí que no haya interpretaciones en el cálculo parcial del porcentaje de realización.

Si es de 0,7 a 1,0, la situación es verde ("hemos cumplido").

Si es de 0,4 a 0,6, la situación es amarilla ("hicimos un progreso, pero no está listo").

Si es de 0,0 a 0,3, la situación es roja ("no hemos hecho ningún progreso significativo").

Bastante interesante, porque:

- es fácil de gestionar visualmente: verde, amarillo y rojo;
- no invalida el debate, la revisión del proceso o las lecciones aprendidas;
- establece el consenso de una conclusión objetiva, de la que parten las interpretaciones más subjetivas;
- además de incorporar, sutilmente, el rigor conceptual en la redacción de los OKR (necesitamos números).

Y al final de esta etapa de planificación, habremos avanzado hacia la elaboración de nuestro propio "tablero": con un modelo listo para rellenar y ejecutar, que alimenta un resumen ejecutivo rico y personalizado del negocio.

La idea central: no somos máquinas; enséñanos el proceso (no nos impongas el proceso), acompaña y adapta el proceso (así aprenderemos juntos).

Los Resultados Clave

"* Si quiero hablar con Dios, tengo que aventurarme. Tengo que subir a los cielos, sin cuerdas a las que agarrarme. Tengo que decir adiós, dar la espalda, caminar; decidido, por el camino que acabará en nada. Nada, nada, nada, nada; nada, nada, nada, nada; nada, nada, nada, nada de lo que creí encontrar. *"–Gilberto Gil, "Se Eu Quiser Falar Com Deus" (Si Quiero Hablar con Dios).

¿Cómo saber si alcanzamos el objetivo?

Esta es la pregunta definitiva sobre la que tanto estamos trabajando en este capítulo.

Y cuando empecemos a llevar a cabo los procedimientos de recopilación y análisis detallados en el capítulo anterior, nos daremos cuenta de una sutil pero fundamental diferencia en la naturaleza de algunos Resultados Clave: si sólo nos permiten un **"control retroactivo"** o una **"garantía proyectada"**.

Del "control retroactivo", entendemos que la nueva medición sólo retroalimentará al sistema, que, a partir del valor obtenido, seguirá persiguiendo el objetivo a través de la nueva realidad: siempre existe un "retraso" (del inglés, "*lag*") intrínseco a este tipo de Resultado Clave, ya que sólo se conoce una vez transcurrido el periodo de tiempo determinado.

De la "garantía proyectada", nos damos cuenta de que estamos evaluando continuamente la condición futura y esperada del Resultado Clave: existe un "líder" (del inglés, "*lead*") actuando, en tiempo real, sobre este tipo de Resultado Clave, que puede ser corregido durante el período de tiempo establecido.

Así pues, los Resultados Clave "*lag*" o "*lead*" son, **ambos**, útiles.

Todo conjunto de Resultados-Chave, que sustenta determinado

Objetivo, debería presentar un agradable **equilibrio** entre Resultados Clave "*lag*" y "*lead*".

¡Un concepto importante y una estrategia importante para el éxito en su Gestión por Objetivos!

De lo contrario, ¿se imagina que todo se descubriera sólo al final del trimestre? Sería casi una "Fiesta de Nacimiento"[1] para OKR (risas): la forma creativa de revelar el sexo del bebé a padres, amigos y familiares no siempre va de acuerdo con las expectativas de todos.

* * *

Para finalizar el capítulo, algunos ejemplos reales de Resultados Clave...

Muchos defienden la redacción de los Resultados Clave comenzando con verbos, como: aumentar, disminuir, reducir, lograr, mover, lanzar, activar, mantener, etc.

Es una buena idea, simpatizo con ella y la he utilizado: no tiene nada de malo.

Pero con el tiempo, me he sentido naturalmente atraído por el uso intuitivo de **operadores matemáticos relacionales** en mis enunciados mucho más directos y necesariamente numéricos.

- "<" menor que
- ">" mayor que
- "=" igual a
- "!=" diferente de
- "<=" menor o igual a
- ">=" mayor o igual a

---

[1] https://es.wikipedia.org/wiki/Fiesta_de_nacimiento

Los Resultados Clave

¡Un enfoque personal "esencialista"[2] para mis KR!

¡También creo que merece la pena intentarlo!

Así que se me ocurrieron algunos ejemplos personales, que comparto sinceramente a continuación.

Objetivo 1...

- Objetivo: Consolidar la carrera internacional como autor de libros de negocios.
- Resultado Clave: Traducciones publicadas = 5.
- Resultado Clave: Sesiones de estudio de idiomas = 150.

Objetivo 2...

- Objetivo: Ser una referencia nacional en materia de liderazgo ejecutivo.
- Resultado Clave: Lecturas realizadas en materia de liderazgo = 5.
- Resultado Clave: Horas en sesiones internas de mentoring = 100.

Objetivo 3...

- Objetivo: Vivir de los rendimientos de mi escritura en independencia financiera.
- Resultado Clave: Páginas escritas = 300.
- Resultado Clave: Royalties Amazon = 10.000.
- Resultado Clave: Amazon KENP = 60.000

Y al igual que los Objetivos, es muy fácil obtener resultados para cualquier área de actividad de su empresa: ventas, finanzas, marketing, RRHH, compras, logística, P&D, ingeniería, legal, etc.

---

[2] https://es.wikipedia.org/wiki/Esencialismo

En resumen...

Alcanzar un Objetivo debe ser siempre una respuesta binaria: cero o uno, verdadero o falso, sí o no.

El seguimiento de un Resultado Clave debe ser un camino analógico: formado por números en variación natural.

¡El indicador nos mostrará el camino!

PARTE IV EL CUERPO EN ACCIÓN

¿Qué?

"*Cada día, se ducha por la mañana, se moja el cabello, se envuelve en la toalla, mientras se dirige a la silla de su dormitorio: es un día más. Se pone las medias, se calza los zapatos, mete la mano en el bolsillo del impermeable: es un día más. En la oficina, donde se amontonan los papeles, se toma un descanso, bebe otro café y se da cuenta de que le cuesta mantenerse despierta: es sólo un día más, sólo un día más.*" – Paul McCartney, "Another Day"

Sería ideal resolver la vida en un solo día, ¿verdad? Todo ajustado, en pleno orden, ¡de hoy para mañana! ;-)

También es fácil trabajar con dedicación, durante 1 mes o 1 año: poquísimos empleados meten la pata al día siguiente de la entrevista de empleo, ¿verdad?

¡Pero mantener la excelencia y el ritmo a diario durante 10, 20 o 30 años es una tarea mucho más desafiante!

Así que vale la pena advertirlo: mantenerse en la cima requiere mucho esfuerzo y adaptación y es una condición de la vida adulta, tanto para la longevidad de la persona física y de la persona jurídica.

Ahora tenemos que **valorar las acciones** de crear, mantener o arreglar algo.

Cuando John Doerr dice que "las ideas son fáciles, la ejecución lo es todo", yo lo entiendo de una forma "ampliada": el éxito ni siquiera se limitará al hito de implementación del proyecto ("Parte III"); porque aún quedará mucho camino por recorrer para mantener esta implementación.

O, según la nueva frase que he aprendido, "el camino más rápido entre la idea y los resultados se llama ejecución" (Camila Farani).

Y aquí estamos: ¡manos a la obra!

La Gestión Por Procesos

"* No sé lo que he vivido, pero no es suficiente para llenarme. Necesito más de lo que las palabras pueden decir; necesito todo lo que esta vida puede darme... Porque cariño, algo me alcanzó y me tocó. Ahora sé todo lo que quiero: quiero lo mejor de ambos mundos. *"–Van Halen, "Best Of Both Worlds"

La gestión integrada de un excelente lugar de trabajo...

Gestión Integrada = Gestión Por Procesos + Gestión Por Objetivos.

En una presentación de nuestra Gestión por Objetivos, asociada a la Gestión por Procesos, definimos la Gestión Integrada como resultado, en un capítulo de la Parte I de este libro.

Se desea, por tanto, que todo el trabajo se base en procesos, que cada empleado esté formado en el proceso en el que trabaja y que exista una formación académica contrastada para el área de especialización respectiva.

Las áreas de especialización se identifican a partir de las declaraciones de Misión y Visión y garantizan la redacción de sus Políticas Organizacionales.

De las Políticas Organizacionales es que los procesos se planifican, derivando un primer proceso general, un macroproceso que resume toda la producción de bienes o servicios, la Cadena de Valor.

A este le siguen:

- la provisión de los recursos,
- la atribución de las responsabilidades,
- los entrenamientos de las actividades,
- el control de los productos de trabajo,
- la participación de todos los interesados,

- el seguimiento de los procesos,
- el cumplimiento de los objetivos y
- la revisión de los resultados clave.

¡Este grandioso proyecto se llama Cultura Organizacional!

Es el mayor objetivo, único, de toda la gestión por resultados.

Y su elemento atómico, indivisible, que garantizará toda la fuerza de cohesión deseada, ¡está representado por las personas!

Me gustaría aprovechar esta oportunidad para enumerar a continuación algunas preguntas seleccionadas, para una reflexión oportuna y complementaria.

- ¿Son conscientes las personas de su importancia a la hora de contribuir a los resultados?
- ¿Se anima a las personas a equilibrar los objetivos corporativos e individuales?
- ¿Las personas dedican el tiempo acordado con la empresa al trabajo rutinario y a los resultados clave?
- ¿Comunican las personas sus ideas y sugerencias para obtener mejores resultados?
- ¿Puede la gente hacer cualquier pregunta razonable y obtener respuestas directas?
- ¿Comprenden los errores involuntarios como parte del aprendizaje para obtener resultados?
- ¿Las personas tienen una visión clara de hacia dónde se dirigen y cómo llegarán allí?
- ¿Siente la gente que todos están "en el mismo barco"?
- ¿Están dispuestos a dar más de sí mismos para avanzar hacia un resultado clave?
- ¿Las personas están dispuestas a colaborar para alcanzar un objetivo?
- ¿Son las personas honestas y éticas en la consecución de sus resultados clave?

- ¿Evitan las personas la "politiquería" como forma de avanzar en los resultados?
- ¿Trabajan las personas de forma emocionalmente sana para contribuir a los objetivos?
- ¿Las personas se mantienen informadas de los resultados clave y de los cambios en los objetivos?
- ¿Las personas son reconocidas por el buen trabajo y el esfuerzo adicional?
- ¿Todas las personas tienen la oportunidad de recibir un reconocimiento especial?
- ¿Las personas celebran los objetivos cumplidos?
- ¿Se reconoce a las personas que más lo merecen?

Es por las habilidades comportamentales e interpersonales ("*soft skills*"), sumadas a las habilidades técnicas ("*hard skills*"), ¡que nunca más aceptarás participar de algo menor!

Las Iniciativas

"* Si crees que voy a quedarme de brazos cruzados mientras el mundo gira, estás pensando como un loco, porque se trata de un caso de vida o muerte: ahí fuera, está la felicidad, ¡esperando a ser conquistada! Si crees que voy a dejarlo pasar, estás loco: ¡no pierdas por esperar, no pierdas por esperar! *" – Judas Priest, "You've Got Another Thing Coming"

Las "Iniciativas" corresponden al trabajo necesario para alcanzar el OKR ("sí" y "no" o % de conclusión).

Entonces, ** ¿cómo conectar BPM y OKR? **

Después de todo, ¡ese es el subtítulo del libro!

¿Cómo conectar Gestión Por Procesos y Gestión Por Objetivos?

En la práctica, funciona así...

- Identifica las áreas de proceso: los procesos existen y están por todas partes; hay que saber cómo reunirlos.
- Amplía tu jerarquía horizontalmente: para cada proceso, un Líder de Proceso; para cada área de proceso, un Líder de Servicio (responsable de los líderes de proceso); para todo el paquete, un Líder de Producto (responsable de los líderes de servicio) ... es una estructura funcional ajustada y nadie trabajará desconectado de los procesos.
- Para cada proceso, el trabajo puede aparecer a diario como una ceremonia recurrente de actividad del proceso, un problema, un incidente, un evento, una mejora, un impedimento de rendimiento; pero también como una **iniciativa de resultados clave**... la estrategia está garantizada para incorporarse a las operaciones.

- Sí, repartir las iniciativas OKR sobre el conocimiento establecido de la gestión de procesos, para ocuparse de esta explosión de granularidad: 3 objetivos * 3 resultados clave/objetivo * 12 iniciativas/resultado clave = 108 iniciativas por trimestre.

Como resultado...

- Cada día, nos reunimos brevemente y establecemos el **contrato** de los "Planes de Acción del Día" para los **procesos** del equipo, basándonos en la selección de una **lista de tareas** (como se indica: una ceremonia de actividad recurrente del proceso, un problema, un incidente, un evento, una mejora, un impedimento de rendimiento, una iniciativa de resultado clave);
- cada mes, también nos reunimos, con algo más de tiempo, y revisamos los indicadores de rendimiento de toda la organización (alimentando más planes de acción en la lista de tareas pendientes).

En resumen, un **ambiente gestionado**: en ritmo, compromiso, adaptación y resultados clave en constante evolución.

Esta es mi **mejora continua de OKR y BPM**: ¡y funciona muy bien!

Ejemplos de Iniciativas

"* Dame la mano, me gustaría estrechártela. Quiero demostrarte que soy tu amigo. Lo entenderás, si consigo que te quede claro: al final, eso es lo único que importa. 'Dale aquí', aunque pese una tonelada. Eso le dijo un padre a su hijo. No me importa si pesa una tonelada: mientras tú y yo estemos aquí, 'dale aquí'; mientras tú y yo estemos aquí, 'dale aquí'*"–Paul McCartney, "Put It There"

¡Hazlo! ¡Igual que el texto de introducción de este libro!

¡Valore las iniciativas! Porque, sin ellas, nada, ¡nada sucede!

Las iniciativas son el motor de todo el modelo, pero curiosamente, ¡las iniciativas son el componente menos detallado en casi todos los textos de OKR!

Simplemente porque la mayoría de la gente aún no ha entendido cómo conectarlas en la práctica con la rutina de los objetivos y los resultados clave.

Durante mucho tiempo, yo también tuve esta duda, que resolví integrando estratégicamente los OKR en las operaciones de la Gestión Por Procesos ("BPM").

No creo que sea eficaz medir y supervisar la estructura "de arriba abajo" (Objetivos > Resultados Clave > Iniciativas).

Creo que el mejor rendimiento y la garantía del éxito de la aplicación se producen "de abajo arriba" (Iniciativas > Resultados Clave > Objetivos).

Así que, complementando algunos de mis OKR personales, compartidos en un capítulo anterior, veo la necesidad de más ejemplos, por favor, a continuación.

Objetivo 1...

Ejemplos de Iniciativas

- Objetivo: Consolidar la carrera internacional como autor de libros de negocios.
- Resultado Clave: Traducciones publicadas = 5.
- Iniciativa: Traducir Libro 3 ES.
- Iniciativa: Publicar Libro 3 ES Kindle, Impreso y Tapa Dura.
- Iniciativa: Traducir Libro 3 EN.
- Iniciativa: Publicar Libro 3 EN Kindle, Impreso y Tapa Dura.
- Iniciativa: Actualizar traducción nueva edición Libro 1 ES.
- Iniciativa: Republicar Libro 1 ES Kindle, Impreso y Tapa Dura.
- Iniciativa: Publicar Libro 2 ES Impreso Tapa Dura.
- Iniciativa: Publicar Serie 1 ES Gestión En La Práctica Kindle, Impreso y Tapa Dura.
- Iniciativa: Traducir Libro 2 EN.
- Iniciativa: Publicar Libro 2 EN Kindle, Impreso y Tapa Dura.
- Iniciativa: Publicar Libro 1 EN Impreso Tapa Dura.
- Iniciativa: Publicar Serie 1 EN Gestión En La Práctica Kindle, Impreso y Tapa Dura.

Objetivo 2...

- Objetivo: Vivir de los rendimientos de mi escritura en independencia financiera.
- Resultado-Chave: Royalties Amazon = 10.000.
- Iniciativa: Publicar Libro 3 PT Kindle, Impreso y Tapa Dura.
- Iniciativa: Republicar Libro 1 PT Kindle, Impreso y Tapa Dura.
- Iniciativa: Publicar Libro 2 PT Impreso Tapa Dura.
- Iniciativa: Publicar Serie 1 PT Gestión En La Práctica Kindle, Impreso y Tapa Dura.
- Iniciativa: Preparar ambiente TEACHABLE Libro 1 PT.
- Iniciativa: Publicar curso de 6 horas Libro 1 PT.
- Iniciativa: Preparar ambiente TEACHABLE Libro 2 PT.
- Iniciativa: Publicar curso de 6 horas Libro 3 PT.
- Iniciativa: Preparar ambiente TEACHABLE Libro 3 PT.
- Iniciativa: Publicar curso de 6 horas Libro 3 PT.

- Iniciativa: Publicar narración propia de audiolibro 1 PT.
- Iniciativa: Publicar narración propia de audiolibro 2 PT.
- Iniciativa: Publicar narración propia de audiolibro 3 PT.

"Como Queríamos Demostrar" ("C.Q.D."), ¡cuidado con esta auténtica explosión de granularidad (aproximadamente 12 iniciativas/resultados clave por trimestre) y no veo mejor estrategia que incorporar las iniciativas de resultados clave a la rutina de gestión de procesos!

PARTE V LA COORDINACIÓN INTEGRADA

¿Cuándo?

"* Cuando el camino que tienes por delante te parezca duro y estés a kilómetros y kilómetros de tu cálida cama, recuerda lo que te dijo tu viejo camarada: chico, ¡tienes un amigo en mí! Sí, ¡tienes un amigo en mí! *" – Randy Newman, "You've Got a Friend In Me"

Al final de cada proyecto, tenemos un **servicio**, como resultado, que mantener.

Los proyectos y los servicios son muy diferentes: los proyectos tienen un principio, un medio y un final, mientras que los servicios son continuos; los proyectos se desarrollan progresivamente, mientras que los servicios se repiten todos los días.

Vamos a establecer, entonces, nuestra línea de tiempo de servicio, nuestros **"rituales"** o ceremonias, a partir de los elementos clave del proceso de diseño e implementación de los OKR.

¡Aquí, los valores residen en la alineación, la prioridad, el seguimiento y la sostenibilidad!

- Inicio del trimestre: **"Definición de los OKR"** – configuración y alineación de los OKR con la estrategia y las partes interesadas.
- De forma continua: **"Check Ins"** – para actualizar el progreso de los OKR, registro de resultados parciales y apoyos.
- De forma continua: **"Coaching"** – para comentarios y reconocimiento.
- Semanalmente/Quincenalmente/Mensualmente: **"Revisiones de Cadencia"** – conversaciones formales para compartir progresos, impedimentos, actualizaciones, garantizar el ritmo y obtener el compromiso (razones de progreso, lo que está funcionando, lo que no está

funcionando, lo que estamos aprendiendo, cuáles son los planes de acción).
- Trimestralmente: "**Retrospectivas**" – en la planificación del próximo trimestre (qué OKR se transferirán; que hay de nuevo; lecciones aprendidas del trimestre anterior; reflexiones y cambios).

Definir, alinear, registrar, revisar, reflexionar, reiniciar. Definir, alinear, registrar, revisar, reflexionar, reiniciar. Definir, alinear, registrar, revisar, reflexionar, reiniciar.

Un **proceso iterativo** (ciclos de repetición y acumulación de experiencias), con el necesario patrocinio ejecutivo, "*coaching*", "*feedback*", reconocimiento, colaboración y disciplina.

Pero, aunque ésta sea la estructura estándar de OKR, con intervalos de tiempo bien definidos, fijos y sincronizados por trimestre, nada impide que el equipo opte por un flujo más continuo; preguntándose con frecuencia: "¿lo hemos conseguido?", "¿lo hemos conseguido?", "¿lo hemos conseguido?". ¡Confieso que me gusta ese **enfoque alternativo**! ;-)

"*CFR*": Conversación, Comentarios, Reconocimiento

"*Coaching*" no es mentoría ("así es como yo lo haría...").

"*Coaching*" no es asesoramiento ("intenta hacerlo de esa forma...").

"*Coaching*" no es psicoterapia ("¿por qué has actuado así?").

"*Coaching*" no es entrenamiento ("aprende a hacerlo así...").

"*Coaching*" no es consultoría ("así es como debe hacerse...").

"*Coaching*" es un proceso de cambio y transformación, ¡con un enfoque en las posibilidades futuras!

Y "*coaching*" ¡tiene consecuencias directas para el desarrollo del liderazgo!

Sí, desde hace años dirijo **reuniones individuales**, uno a uno, director y colaborador, siempre basadas en un guión personalizado con un mapa mental de ideas a exponer, con el equilibrio de evolucionar la Gestión por Procesos, la Gestión por Objetivos y el desarrollo profesional del funcionario.

El objetivo es invitar a la colaboración en iniciativas de mejora de las políticas organizativas. Independientemente de cargos y jerarquías, se trata de formar líderes en diferentes áreas de conocimiento del negocio, distribuidos en equipos de trabajo.

Mi estructura planeada y vigente, es la siguiente...

(10 min) ¿Hacia dónde queremos llegar? ¿Qué está funcionando? ¿Qué está funcionando mal? ¿Qué haremos diferente? ¿Qué estamos aprendiendo?

(10 min) ¿Comportamiento constructivo + Resultados obtenidos? ¡Avanzar! ¿Comportamiento defensivo + Resultados obtenidos? ¡Redefinir! ¿Comportamiento constructivo + Resultados no obtenidos? ¡Redefinir! ¿Comportamiento defensivo + Resultados no obtenidos? ¡Alinear!

(20 min) ¿Comportamiento? ¿Impacto? ¡Planes de Acción!

(10 min) ¿Comportamiento? ¿Efecto? ¡Reconocimiento!

Sí, ¡también tendrás que construir tu **cultura de coaching**!

"*Coaching*" = educar, planificar, organizar, pensar estratégicamente, negociar, facilitar, escuchar (hechos, sentimientos, intenciones, valores, creencias, cualidades), comunicar.

¡Seguimos, todos, en grata asociación!

Uno más uno es mayor que dos ($1 + 1 > 2$), ¿entiendes?

La Medición y la Comunicación

"* En un mundo de máquinas, no me digas que no tengo alma. Cuando las máquinas toman el control, no hay lugar para el rock and roll...*" - Queen, "Machines (Back To Humans)"

La Medición

¡Tal vez para Google sea mucho más fácil que para nosotros! (risas)

Después de todo, la propia Misión de Google ha sido "organizar la información del mundo para que sea universalmente accesible y útil"... independientemente de si ya utilizaban OKR o no.

Así que,

- fijar un objetivo,
- alinear tus resultados clave
- y configurar tu recopilación, presentación y análisis Puede hasta parecer algo automático, inmediato y trivial... ¡pero no lo es!

Solamente sería automático, inmediato y trivial si todos los datos necesarios estuvieran siempre ahí, disponibles, en el formato adecuado, para cualquier integración necesaria.

Y, obviamente, ésta no es la realidad habitual de la mayoría de las empresas, razón por la cual el libro de John Doerr entra poco en detalle sobre la aplicación de este capítulo.

Los datos necesarios deben **recopilarse** y **analizarse**, según lo planeado; ¡y esto requiere un esfuerzo!

A veces, esta etapa necesita de análisis adicionales, de revisión de los resultados con los interesados, de un mejor refinamiento de la identificación de los principales resultados o de una mejor definición de la relación de los análisis con los objetivos de medición.

Los datos y los resultados de los análisis también necesitan ser **almacenados**, permitiendo la construcción y la revisión de su serie histórica.

Junto con los datos y los resultados, se le debe presentar suficiente información de fondo para guiar su comprensión e interpretación.

En las secciones siguientes, te presentaré dos soluciones de ejecución: una manual y de libre personalización; la otra, más automática y con parámetros preestablecidos para configurar.

Una elección particular, ambas con ventajas y desventajas, a tener en cuenta.

Un mini proyecto de mejora en una hoja A4

Sí, ¡la herramienta que más reutilizo cabe en una sola hoja A4!

Bueno, dos páginas en realidad: frente y dorso (risas).

¡Y todo lo que es "lean" (magro) me deja muy feliz! ;-)

Es el abordaje de un mini proyecto de mejora, incrustado en cada indicador de desempeño de la medición organizacional, en deseada adherencia conceptual al modelo DMAIC, de Six Sigma[1]: • Definición (*"Define"*), • Medición (*"Measure"*), • Análisis (*"Analyze"*), • Mejora (*"Improve"*) y • Control (*"Control"*).

---
[1] https://es.wikipedia.org/wiki/Seis_Sigma

Comienza a partir del modelo ("*template*") de hoja de cálculo electrónica, definida por su empresa.

La "portada" debe ser sencilla: basta con enumerar todos los OKR en los que has trabajado, de acuerdo con el enunciado estándar que ya hemos estudiado. Incluye un "panel ejecutivo" que resuma los resultados visuales (verde, amarillo o rojo) de los indicadores: meta, valor actual y porcentaje de progreso.

A partir de ahí, un indicador por página; como en el paso a paso siguiente.

Garantice una sección inicial, en el encabezado de la página, con la información de contexto para la **DEFINICIÓN** del problema; en campos sugeridos:

- Objetivo;
- Principales Resultados;
- Perspectiva (clientes, finanzas, procesos internos o aprendizaje) y
- Colaboradores ("Comité de la Gestión Por Objetivos").

También podrían formularse preguntas sobre los gastos derivados de la baja calidad asociada.

En la siguiente sección del documento, presente los procedimientos sobre cómo recopilar la **MEDICIÓN**:

- Automática o Manual;
- Frecuencia de recopilación;
- Cantidad de muestras;
- Tipo de dato ("continuo", "contable" o "clasificación");
- Tipo de gráfico ("histograma", "gráfico de tendencia" o "barras").

De la etapa del **ANÁLISIS**, considera:

- Mínima estadística descriptiva ("media", "valor histórico mínimo" y "valor histórico máximo");
- Puntuación del objetivo ("meta", "valor inicial", "valor actual" y "porcentaje de avance");
- Datos representados en un gráfico;
- Respuestas a los "Cinco Porqués[2]", hasta la causa raíz.

Me gusta iniciar la **MEJORA** por Una Gestión de Riesgos de específico objetivo, considerando los puntos fuertes y las oportunidades a explotar y los puntos débiles y las amenazas a mitigar; todo calificado en términos de probabilidad e impacto.

Así, los planes de acción, las respuestas a los riesgos o las contingencias surgen más fácilmente en esta transición entre las secciones de Análisis y Mejora.

Piensa en las preguntas: "¿qué hace empeorar?" y "¿qué hace mejorar?"; todo con plazos, responsables y situación bien definidos.

Creo en el **CONTROL** que se obtiene a través de las iniciativas de un dedicado Plan de Entrenamiento, preparando los resultados hasta su próxima revisión.

Como queríamos demostrar, se trata realmente de una sola hoja de papel, bien agrupada, muy visual, para cada objetivo y con una gran personalización: ¡una infografía dinámica!

Soluciones de software para OKR

¡Sistematizar los procesos siempre será algo atractivo!

Así que date cuenta: siempre que haya un proceso, de desarrollo o de gestión, con actividades y estados bien definidos, siempre habrá una herramienta de software asociada.

---

[2] https://ferramentasdaqualidade.org/5-porques/

Porque, en realidad, la mayoría de las soluciones de software existentes no son más que la automatización de algún proceso, con sus reglas de negocio incorporadas: insertar datos, consultarlos, actualizarlos y eliminarlos... ¡es difícil alejarse de eso! (risas)

Evidentemente, el valor está más en el conocimiento y el dominio del **proceso** que en la adquisición de la mejor herramienta electrónica; pero, por supuesto, se puede ganar en adherencia y agilidad haciendo una buena elección... como todo en la vida.

Así que he pensado dejar constancia aquí de mi breve experiencia en el uso de aplicaciones dedicadas a los OKR.

La clave del éxito reside en no seguir con tanta ansiedad, para una búsqueda inmediata de enlaces en Internet: ni siquiera sabrás lo que buscas ni estarás seguro de lo que has encontrado...

Cuando hay varias alternativas en juego, conviene elaborar de antemano una lista de **criterios** en función de sus expectativas verdaderamente iniciales.

¡Así evitarás tentaciones e ilusiones!

Estos criterios guiarán una comparación cualitativa rápida, de forma muy objetiva. Si quieres hacer una comparación más cuantitativa, puedes establecer una **escala de puntuación** para cada criterio, diferenciar pesos (multiplicadores) entre los criterios y contabilizarlo todo en una matriz de alternativas (filas) frente a criterios (columnas): ¡quien obtenga más puntos suele ser la mejor opción!

Observa: es un método de **Gestión de la Decisión**!

En mi enumeración deseada, enumeraría:

- permitir más de un resultado clave por objetivo;
- estar traducido al idioma nativo (opción de idioma);
- ofrecer un plan gratuito al utilizar las funcionalidades esenciales;

- conciliar el acceso a través de la aplicación para celulares y el sitio web de escritorio;
- presentar un panel de control (*"dashboard"*) visualmente atractivo.

Y luego seguiría, en un análisis sólo cualitativo; sin tanto rigor ni riesgo para una evaluación cuantitativa.

Porque opciones hay muchas, muchísimas; en cualquier búsqueda de términos como "mejores herramientas OKR" o *"OKR tools"*.

En los resultados devueltos, la mayoría de las soluciones presentadas suelen descartarse debido a la falta de mi lengua materna, el portugués (*"Brazilian Portuguese"*). En este criterio, no importa cuántos directores o gerentes dominen el inglés en la empresa; lo más importante es que toda la organización esté implicada en la Gestión por Objetivos... y sin la traducción en Brasil, la deseada adhesión generalizada no se producirá.

Otros criterios que, sorprendentemente, eliminan candidatos potenciales son la falta de un plan gratuito para utilizar funcionalidades esenciales y la conciliación de acceso por aplicaciones de celulares y sitio web informático.

Muchas herramientas tienen la percepción de un enfoque comercial abusivo (debido a la obligación de proporcionar una tarjeta de crédito antes de iniciar las pruebas) o tienen una política de precios realmente cara (con una clara preferencia *"enterprise"* por las grandes empresas, sin tanto aprecio por el concepto aplicable a las *"small business"*).

Además, muchas herramientas sólo funcionan a través de su solución "desktop", sin una aplicación "móvil" correspondiente. Y para los OKR, esa agilidad es deseable cuando se trata de consultar los objetivos y actualizar los resultados clave: no siempre se está delante de una computadora y el navegador del celular no siempre permite una visualización cómoda.

Ah, incluso encontrarás una o dos soluciones que tratan los OKR como medición del rendimiento y la competencia individual, haciendo hincapié en las comunicaciones de *"feedback*[3]*"* y sustitución de (anticuada) "Evaluación 360[4]", de los RRHH: ¡no tiene ningún sentido para mí!

En el lado positivo, casi todas las alternativas tienen un buen panel de control (*"dashboard"*) visualmente atractivo, y casi todas se adhieren bien al modelo conceptual OKR, permitiendo naturalmente más de un resultado clave por objetivo.

Por lo tanto, termino decantándome por la opción de las herramientas más sólidas y profesionales del mundo:

- "Quantive[5]",
- "Peoplebox[6]",
- "Tabality[7]".

Además de uno o varios Resultados Clave que promuevan los objetivos numérica o porcentualmente, es importante contener un registro de "Iniciativas", que no influyen directamente en el progreso del resultado, pero son una nota importante y una llamada a la acción.

Los Resultados Clave también se asignan fácilmente a interesantes "líneas de tiempo", casi siempre teniendo en cuenta la actualización trimestral predefinida de los objetivos y el año dividido en cuatro periodos (*"Quarter 1"*, *"Quarter 2"*, *"Quarter 3"*, *"Quarter 4"*).

Pero lo que realmente me "inclina" a considerar la adopción de un software OKR es cuando existe la posibilidad de **integración automática** con otras herramientas corporativas: aquí, en

---

[3] https://pt.wikipedia.org/wiki/Retorno_de_informa%C3%A7%C3%A3o
[4] https://pt.wikipedia.org/wiki/Avalia%C3%A7%C3%A3o_360_graus
[5] https://quantive.com/
[6] https://www.peoplebox.ai/
[7] https://www.tability.io/

mi análisis, reside el valor del retorno de la inversión en la contratación de una solución comercial.

Integrar una herramienta OKR en un portafolio más amplio de herramientas, con todos los componentes "hablando entre sí" y apoyando la comunicación de la empresa, es algo más grande y consistente.

Así que, en comparación y como queríamos demostrar, hay ventajas y desventajas: tanto poder acelerar lo que es trivial en la implementación, como crear cierta dependencia de las limitaciones programadas... ¡elige tu destino sin miedo!

Recordatorio: Oye gestor, ¿cuál es tu objetivo en la empresa?

* * *

Sólo un fragmento adicional, todavía relacionado con las soluciones de software: ¿por qué no trabajar en su propia solución personalizada para los OKR, utilizando **bases de datos relacionales**?

Después de todo, este es un tema candente y ya estoy anticipando mi próximo libro: "El Fin De Excel Y El Crecimiento De Las Aplicaciones De Bases De Datos Conectadas"! ;-)

En ejemplos a experimentar:

- "Fibery"[8];
- "Airtable"[9];
- "Notion"[10];
- "ClickUp"[11];

---

[8] https://fibery.io/
[9] https://www.airtable.com/
[10] https://www.notion.so/pt-br/product
[11] https://clickup.com/

- "Jira"[12];
- "Pipefy"[13].

A continuación, una breve presentación del tema **Mapeamiento Objetivo Relacional**, aplicado a los OKR.

Un **Objetivo** está formado por:

- título,
- % de progreso y
- resultados clave.

Un **Resultado Clave** está formado por:

- título,
- valor inicial,
- valor de la meta,
- valor actual y
- % de progreso.

Recordando que un Objetivo puede tener 1 o más Resultados Clave.

Es evidente entender que sólo se necesitan dos tablas, y sus respectivos atributos, incorporando fórmulas matemáticas sencillas y permitiendo opciones libres para la visualización de estos datos.

Progreso % Objetivo = (Progreso % KR1 + Progreso % KR2 + Progreso % KR3) / 3

Progreso % KR = (([Valor Actual] - [Valor Inicial]) / ([Valor de la Meta] - [Valor Inicial])) * 100

- Lista y Progreso Numérico de los Objetivos,

---

[12] https://www.atlassian.com/software/jira
[13] https://www.pipefy.com/pt-br/

- Señalización del Marcador de los Objetivos (verde, "entregado"; amarillo, "en progreso, pero no listo"; rojo, "sin avances"),
- Lista y Progreso Numérico de los Resultados Clave,
- Visión General del Gráfico de Barras de los Resultados Clave.

Si se desea, es fácil ampliar la asociación de **Iniciativas** a Resultados Clave (un Resultado Clave puede tener 1 o más Iniciativas).

Una **Iniciativa** está formada por:

- título,
- responsable,
- fecha de creación,
- última modificación,
- situación ("próxima", "en curso", "finalizada"),
- archivos y
- comentarios.

Me gusta mucho seguir y cuantificar las iniciativas completadas, tanto por resultados clave como por objetivos: al fin y al cabo, ¡eso es lo que impulsa toda esta estructura!

¡Ahora tú también puedes crear tu propia aplicación! ;-)

Para saber más, sugiero investigar el término "**ORM**" (del inglés, "*Object-Relational Mapping*") y mi referencia personal sobre el tema, Scott Ambler[14].

… ¡porque la libertad siempre es una buena elección!

La Comunicación

"** No tienes que hablar. Puedo leer un libro en tus ojos. Pero estaría bien si no supiera tu nombre. Hace mucho que no te veo. ¿Y acaso

---
[14] https://scottambler.com/

La Medición y la Comunicación

sigo sintiendo ese deseo? Y sólo de pensar que tengo que quedarme aquí, parado, pronto la soledad cederá; pronto la soledad te dará un brazo, para que entres... No hace falta que lo digas ni que lo mezcles: sé que las cosas no siempre son como deberían ser. Pero podría ser. Y debería serlo. Pero podría ser más fácil decírtelo. Más fácil decirte eso. *" – Suricato, "Não Precisa Falar" (No hace falta que hables).

Los datos ya están ahí, recopilados.

También lo están los resultados de los análisis, desde puntos de vista complementarios.

Los avances hacia los objetivos están consolidados.

Sabemos quiénes son las partes interesadas y por eso ponemos estos datos a su disposición.

Pero, ¿basta con eso para decir que la comunicación ha tenido éxito?

¿Garantiza la evaluación que las decisiones futuras serán coherentes y redundarán en beneficio?

¡Todo puede seguir saliendo mal! (sorprendido)

Después de tanto esfuerzo, aún podemos "morir en la playa"... si descuidamos esta importante etapa final, el cierre del proceso propuesto.

Y como en cualquier ciclo, nuestra intención es empezar desde un punto de partida y terminar con una repetición de ese mismo punto de partida.

El punto de partida es la colaboración: al inicio, en medio y cuando volvemos al inicio.

Como en la infografía que ilustra la portada de este libro: partiendo de una buena estrategia, obtendremos mejores resultados, en proporción a nuestro compromiso.

Esta es la línea de base del contenido demostrado y esta debe ser la alineación de nuestra ejecución, desde el principio: ¡involucrar a todos!

Recordando el proceso de desarrollo adoptado para este proyecto ("Establecer y mantener el compromiso", "Planificar la medición", "Ejecutar la medición" y "Evaluar la medición y su comunicación"), ahora sólo tenemos que "cerrar el círculo" y volver a empezar.

Así que volvamos a la ceremonia del "Compromiso con la Gestión Por Objetivos".

Aquí, celebramos regularmente el ritual de una reunión de debate colectivo sobre el informe de la Gestión por Objetivos... ¡y la dirigen los propios empleados!

Sí, hay que evitar a toda costa demasiadas reuniones (risas), pero sé que es una reunión que muchos esperan con impaciencia: al fin y al cabo, ¡son los líderes en acción!

Mientras escribo este libro, tengo esta próxima cita dentro de 2 semanas y ya tengo empleados asignados para presentar cada objetivo: mi trabajo, como CEO, será sólo aprender... ¡vaya!

Ok, también proporcionaré un buen coffee-break, invitando a los más resistentes... (risas).

Idea central: así se forma la cultura de excelencia de una organización: ¡viva y en evolución!

El Éxito

"* Aún no he terminado de cambiar. Cambiando. Puedo ser viejo y puedo ser joven. Pero no he terminado de cambiar. Cambiando. *"
– John Mayer, "Changing"

A medida que nos acercamos al final, revisemos y cuestionemos un poco más nuestros fundamentos, en una *"checklist"* de la adherencia de nuestro progreso y éxito; a continuación.

- ¿Son los objetivos demasiado específicos o estrechos, o son deseablemente amplios, considerando tanto la cantidad como la calidad?
- ¿Son los objetivos realmente desafiantes, sabiendo que se fomentarán las habilidades, la motivación, la autoeficacia y el entrenamiento en la consecución de las metas?
- ¿Contribuyen los empleados a establecer las metas definidas, con participación y compromiso, de forma ágil y multidireccional?
- ¿Están garantizados el comportamiento ético y la seguridad psicológica, en términos de cultura organizativa, liderazgo y controles, para alcanzar las metas?
- ¿Los resultados finales, tanto en términos de rendimiento como de aprendizaje, son esperados y considerados por la organización, en términos de las intenciones del camino, la trayectoria, los experimentos y la mejor versión?
- ¿Existe un patrocinio ejecutivo explícito por parte del CEO y una fuerte implicación de la alta dirección de la empresa en su programa de implantación de OKR?
- ¿Están los equipos preparados para la disciplina de los chequeos semanales, las reuniones de revisión de cadencia y las sesiones de *"feedback"* y *"coaching"*?

- ¿Estás utilizando los OKR como sistema de gestión de metas sólo porque Google también lo hace?

Considera estas preguntas para no subestimar los retos y la resistencia, y evitar errores y dificultades conocidos en el camino, fortaleciendo así tu implementación.

PARTE VI UNA NUEVA VISIÓN

La Innovación

"* Puedo ver con claridad ahora que la lluvia ha pasado. Puedo ver todos los obstáculos en mi camino. Se han ido todas las nubes oscuras que me cegaban: va a ser un día soleado y brillante. Creo que ahora puedo, porque el dolor ha desaparecido. Se han ido todos los malos sentimientos. Ahí está el arco iris que le pedí a Dios: va a ser un brillante, brillante día soleado. Mira a tu alrededor, no hay nada más que cielo azul; mira hacia delante, ¡nada más que cielo azul *" – Johnny Nash, "I Can See Clearly Now"

"**Un Proceso** para que todos gobiernen, **Un Proceso** para encontrarlos, **Un Proceso** para que todos traigan..."

Parafraseando pasajes de la obra de J. R. R. Tolkien, en "El Señor de los Anillos", creo haber encontrado "el anillo maestro", "el anillo de Sauron", "el anillo del poder", "el Anillo Único", "Mi Precioso": ¡el **Proceso para la Definición de Procesos!**

Al disponer de este **meta proceso**, mapeado para definir cualquier proceso, para revisar y optimizar otros procesos, se consigue una hermosa abstracción reutilizable, a partir de un proceso genérico que instanciará todos los demás procesos reales.

Mira a tu alrededor: siempre ha funcionado así, y quizás aún no te has dado cuenta...

En los ejemplos de métodos ágiles[1], tan de moda, "Scrum"[2], "Kanban"[3], "Lean"[4] ¡son sólo procesos!

Sí, me encantan Scrum, Kanban y Lean (ninguna crítica, todo lo contrario); pero es importante señalar que son procesos contenidos

---

[1] https://es.wikipedia.org/wiki/Desarrollo_%C3%A1gil_de_software
[2] https://es.wikipedia.org/wiki/Scrum_(desarrollo_de_software)
[3] https://es.wikipedia.org/wiki/Kanban
[4] https://es.wikipedia.org/wiki/Lean_manufacturing

e instanciados dentro de una amplia cultura de **Gestión Por Procesos**, diferenciándose entre sí sólo por los enfoques de sus actividades.

Así, entiendo a un profesional certificado en estos ejemplos como un valioso **Especialista en Proceso** (en un proceso dedicado y específico). Mientras que yo veo a un profesional certificado en Procesos de Negocio como un creativo **Arquitecto de Procesos** (para todos y cada uno de los procesos).

Todavía pensando en "El Señor de los Anillos", creo que he estado en la "Tierra de Mordor"[5] (risas de nervioso por mis experiencias propias) y creo que es fundamental hacer estas aclaraciones, de donde viene la **innovación** de esta Parte VI: las personas han estado llamando a todo "métodos ágiles", cuando deberían llamarlo simplemente "procesos"... porque, obviamente, ¡no todos los procesos tienen las características específicas de la agilidad!

Así que, por favor, ten mucho cuidado cuando leas otras referencias a que la "Gestión Por Objetivos" también se llama "método ágil": no tiene ningún sentido y sólo demuestra una completa falta de comprensión de todos los escenarios asociados... si alguien me dice que los OKR representan un método ágil, desconfío inmediatamente de esa fuente de contenido.

Idea Central: De acuerdo, nuestra Gestión Por Objetivos tiene su propio proceso de desarrollo y conforma nuestra forma personalizada de entender la Gestión Integrada, pero muchos métodos tienen similitudes porque son procesos, ¡no porque sean siempre ágiles!

---

[5]https://es.wikipedia.org/wiki/Mordor

La Cultura

"*A veces en nuestra vida todos tenemos dolor, todos tenemos tristeza. Pero si somos sabios, sabremos que siempre hay un mañana: apóyate en mí cuando no tengas fuerzas, y seré tu amigo, te ayudaré a seguir adelante. Y no pasará mucho tiempo antes de que yo también necesite a alguien en quien apoyarme. *" – Bill Withers, "Lean On Me"

De todo lo que hemos hablado y aprendido, ¿no crees todavía que será difícil implantar y mantener todo el alcance de una Gestión Por Objetivos en toda la organización, sin excepciones?

De las reuniones "1 a 1"[1], de los "CFR" (conversación, comentarios, reconocimiento), pasamos entonces a los "Comités de la Gestión Por Objetivos", aumentando así el cardinal de las relaciones y las ganancias de acción.

Pero la revolución de los OKR realmente integra y pone "en primer plano" otros cambios necesarios y mucho más estructurados... ¡que no siempre tenemos el valor de afrontar (o de escribir sobre ellos)!

¿Cómo funciona su **organigrama formal y tradicional** en torno a los **resultados clave innovadores y desafiantes**?

¿No te parece que hay incoherencias entre sus diferentes formas y funciones? ¿No crees que los resultados clave sólo toleran el organigrama clásico, pero no casan en sinergia complementaria?

Pues bien: el fortalecimiento de los niveles jerárquicos puede no ser un obstáculo demasiado grande, pero desde luego no aporta ninguna ventaja adicional al nuevo sistema.

Mi innovación: deshazte cuanto antes la costumbre del modelo antiguo; estará fuera de uso en poco tiempo y ¡ya estarás por delante

---

[1] https://en.everybodywiki.com/1_on_1_meeting

en términos de rendimiento!

¿Cómo? Con un nuevo **organigrama físico funcional**.

"Físico" porque está ocupado por personas, en una asignación explícita y amplia de responsabilidades individuales: todo el mundo es nombrado y es potencialmente valorado... el origen completo de la formación de la "persona jurídica" se hace más claro.

"Funcional" porque es más dinámico, más fluido en sus límites verticales, más orientado hacia la meritocracia[2] y la colaboración... sin perder la definición y las prácticas esperadas de cada ámbito de actuación.

Reforzando lo ya expuesto en capítulos anteriores, paso a definir 4 roles organizativos internos:

• "**Dueños de los Procesos**": unidad básica y fundamental de adhesión a cualquier trabajo realizado, con nivelación superior (todos importan).

• "**Dueños de los Servicios**": interfaz de transición democrática entre los procesos y las operaciones, que refuerza la difusión de entornos tranquilos, organizados, gestionados y productivos;

• "**Dueños de las Operaciones**": la alta gerencia, la red de especialistas de confianza, que apoyan estratégicamente el negocio;

• "**Dueños del Producto**": la junta de socios, los directores y la dirección ejecutiva, en una nueva mirada sobre la organización de la gestión de un producto;

De este modo, todo contribuye a dar menos valor a las formalizaciones, limitaciones y competencias de "auxiliares", "analistas", "gerentes" o "directores"...

Y la entrega de **resultados clave** se superpone a la firma de la tarjeta laboral: ¡mientras mantenemos el respeto por esta segunda,

---

[2] https://es.wikipedia.org/wiki/Meritocracia

experimentamos y promovemos más la primera!

* * *

¡Hablemos un poco más de la belleza de los procesos!

Hay procesos en todo lo que veo... (risas)

Dime un método ágil[3] y te daré un mapa genérico de ese proceso.

Pero sin la exageración de los evangelistas de turno, sin limitarnos al universo del desarrollo de software ni encerrarnos en una única industria: seguiremos adaptando nuestras actividades y nomenclaturas al ámbito de los proyectos, servicios y productos... ¡es hora de arriesgarse y permitírselo!

De acuerdo, sabemos que no existe una única y perfecta "Bala de Plata"[4], capaz de matar "hombres lobo brujas o cualquier otro monstruo"; pero existe la posibilidad de unificar métodos en un ámbito ampliado: ¡Una Gestión Ágil Por Objetivos!

A partir de las secciones anteriores, nuestros OKR y KPI incorporan ahora características de agilidad en una nueva forma de trabajar.

Cada día, reúna a su equipo en una breve ceremonia de 15 minutos para alinear los resultados obtenidos el día anterior, los avances que realizaremos hoy y los impedimentos que obstaculizan los resultados: una **Reunión Diaria** de Resultados Clave... ¡y deja de tropezar con esas pequeñas piedras en el camino!

Manteniendo estos valores diarios de **ritmo, compromiso y adaptación**, siga evolucionando sus próximos planes de acción en Listas Priorizadas ("*backlogs*") de Mejora Continua y Gestión de Eventos, Incidentes y Problemas: de este modo, alcanzará una madurez y capacidad garantizadas.

---

[3] https://es.wikipedia.org/wiki/Desarrollo_%C3%A1gil_de_software
[4] https://es.wikipedia.org/wiki/Bala_de_plata

¿Y dónde quieres estar tú y tu equipo, o llegar, mañana, la semana que viene o a final de mes? Este periodo, ampliamente conocido como "*Sprint*" (en mi traducción libre, "aceleración"), no es más que la planificación de metas de Una Gestión por Objetivos; también puede ser un incremento propicio para la formación de líderes.

Dentro de la recurrencia de estos periodos de "*sprints*", mantén una **revisión** periódica de tus procesos de desarrollo, basada en los criterios de aceptación existentes y en la identificación de los movimientos de proceso realizados: estos "contratos" son los que hacen que las actividades y resultados se completen, es decir, son tus "**Definiciones de Finalización**".

Con una visión **retrospectiva** (bimestral o trimestral), formalice sus porcentajes de conclusión de resultados clave actualizando un tablero ejecutivo: su Informe de Medición de Indicadores de Desempeño de la Gestión por Objetivos.

El nuevo organigrama físico funcional ("dueños del producto", "dueños de las operaciones", "dueños de los servicios", "dueños de los procesos") ya le aportará la armonía necesaria para controlar estos productos del trabajo: ¡en **papeles**, **ceremonias** y **artefactos** integrados con procesos y objetivos!

Observación 1: todos los términos marcados en negrita más arriba son características fundamentales del Desarrollo Ágil de Scrum[5], y pueden analizarse comparativamente desde la perspectiva más amplia de la Gestión por Procesos y la Gestión por Objetivos.

Observación 2: aunque esto demuestra la asociación innovadora entre la Gestión Ágil, la Gestión Por Procesos y la Gestión Por Objetivos, seguimos estando sólo ante una aproximación, no ante una fusión de identidades (o entidades). ;-)

De todos modos, ve más allá: ¡no has nacido para ser sólo un "Scrum Master"[6]! (risas)

---

[5] https://es.wikipedia.org/wiki/Scrum_(desarrollo_de_software)
[6] https://wiki.ncrcolibri.com.br/display/scrum/Scrum+Master

Una Vida Por Objetivos

"* De todo mi pasado, buenos y malos recuerdos. ¡Quiero vivir mi presente! Y recordarlo todo después... En esta vida pasajera, yo soy yo, tú eres tú. Eso es lo que más me gusta, eso es lo que me hace decir: ¡Que veo flores en ti! ¡Que veo flores en ti! ¡Que veo flores en ti! *" – Ira, "Flores Em Você" (Flores en ti)

"Todo es un proceso: la vida y los negocios son procesos que presentan variaciones, que, por más naturales y esperadas, deben ser reducidas": ¡me encantó esta frase, que recibí en la etapa de lectura crítica de la primera edición de este libro; hecha especialmente por Graciléa Rodrigues[1], de Monitore Negócios[2]!

En esta sección, intento arrojar algo de luz sobre esta transición: ¡de los objetivos de negocio a los objetivos de vida!

Obviamente, este texto no es un capítulo de autoayuda: no te sorprenderá darte cuenta de que se trata más bien del autoaprendizaje del autor, un caso práctico de escritura de su propio libro; porque cuanto más enseño, más aprendo.

Al final de este proceso de conocimiento, acepté que es posible trabajar en objetivos profesionales y objetivos personales en completa sinergia:

- de manera **responsable**, pero **ligera**;
- de manera **continua**, pero **sin ansiedad**;
- de manera **completa**, eligiendo **prioridades**;
- de manera **colaborativa**, aceptando nuevas **ideas**;
- de manera **adaptativa**, aceptando los **cambios**.

---

[1] https://www.linkedin.com/in/gracilearodrigues-mne/
[2] @monitorenegocios

Observa la evidencia: realmente tuve que posponer el lanzamiento de una primera versión para apoyar a mi hija en sus exámenes escolares y apoyar a mi empresa en sus auditorías externas, todas concentradas simultáneamente en el mismo año.

Pero todo va bien: se mantiene el seguimiento y el progreso de los **objetivos** establecidos y sus **resultados clave** definidos, priorizados y documentados; ¡en un grato equilibrio!

Es una nueva percepción de la **prosperidad**: ¡todo se gestiona y todo se gestiona a favor de la felicidad!

Así, tanto para el trabajo como para la familia, es posible (y muy interesante) organizar mejor los objetivos, en la plenitud de las perspectivas de un BSC ("*Balanced Scorecard*"): • objetivos desde la perspectiva financiera, • objetivos desde la perspectiva de los clientes, • objetivos desde la perspectiva de los procesos internos y • objetivos desde la perspectiva del aprendizaje y crecimiento.

Del mismo modo, es fácil establecer OKR, tanto profesionales como personales, utilizando el mismo formato de redacción que ya hemos estudiado.

Sin embargo, si se desea, sólo para el seguimiento de los objetivos personales, valdría la pena simplificar mucho la redacción en algunos de los ejemplos siguientes, lo que no consideraremos un pecado (risas) por el momento.

- "Hasta la [fecha], añadir [valor], en reservas financieras".
- "Hasta la [fecha], añadir [valor], en ventas comerciales".
- "Hasta la [fecha], añadir [valor], en páginas leídas".
- "Hasta la [fecha], añadir [valor], en páginas escritas".
- "Hasta la [fecha], añadir [valor], en horas de hobby".
- "Hasta la [fecha], añadir [valor], en lecciones de idiomas".

Y manteniendo siempre la práctica insistente y resistente de las **iniciativas**, que promueven la evolución de los resultados clave.

En tu Gestión de Vida Por Objetivos, mantente centrado, deshazte de las distracciones y ¡no te engañes!

¿QUÉ QUEDA POR DECIR?

Sobre mí y dónde nos encontramos

¡Es costumbre en mis libros dejar los comentarios personales para el final! ;-)

Para mí tiene más sentido: empezar cuanto antes con lo que importa, y luego concluir juntos si se han cumplido las expectativas.

Escribí las dos ediciones de este libro en aplicaciones reales simultáneas: La primera, como un "Producto Viable Mínimo"[1], tanto para la empresa, como para los lectores; la segunda, como producto completo y perfeccionado. El estudio, esencial o avanzado, siempre evolucionaba hacia la práctica la semana siguiente, ¡y viceversa!

Este modelo, de registrar sólo lo que ya se había probado y aceptar nuevos aprendizajes mientras se enseñaba el estudio anterior, puede haber retrasado mucho todas estas versiones y publicaciones, pero espero que haya dado como resultado una verdad más evidente en las palabras de cada capítulo.

Para muchos, la simple traducción literal de "OKR" a Objetivos y Resultados Clave parece ser suficiente; y no es de extrañar que, en esta simplificación absurda, todo vaya mal y continúe en propaganda, conceptos e implementación superficiales.

Cuando alguien me dijo: "Ah, Objetivos y Resultados Clave, lo he entendido todo", me di cuenta de que había una mayor y creciente necesidad de escribir más sobre el tema (risas).

Aún sin la pretensión de registrar mi trabajo, me pareció, mientras estudiaba, que sólo había dos escenarios: 1) el libro de John Doerr

---

[1] https://es.wikipedia.org/wiki/Producto_viable_m%C3%ADnimo

y 2) todas las demás publicaciones, en copias o traducciones poco profundas de este libro de referencia (ni siquiera mencionan el libro de Andrew Grove).

¡Me encantó el libro de John Doerr! Pero me seguía pareciendo incompleto para mi realidad. Y como no conseguí aclarar todas mis dudas en la lectura complementaria, asumí el reto de empezar mi propio ensayo... ¡aquí finalizado a gusto del público y presentado a ustedes!

* * *

También es un poco extraño terminar un libro sin haberme presentado en absoluto...

Así que aquí va un breve mini currículum, de manera respetuosa y rápida.

Soy el padre de Maria Luíza, marido de Flávia, fundador de la escuela de negocios CPBiz, CEO de Fonte Patología Oncológica y todavía estoy intentando aprender a tocar la guitarra.

Siempre he sido **ingeniero** y siempre he estado relacionado con los **procesos** y el **software**.

Me gradué como **Ingeniero** Químico, por la Universidad Federal de Río de Janeiro[2] y comencé mi carrera profesional desarrollando **softwares** de control automático para **procesos** industriales de manufactura, como **Ingeniero** de Automatización, durante 10 años. Adquirí varias certificaciones profesionales en programación informática y migré a **Ingeniero** de **Software** de **procesos** de negocio, por 5 años. Realicé un MBA en Gestión de Proyectos en el Instituto Infnet[3] (donde también impartí brevemente cursos de extensión), obtuve nuevas certificaciones profesionales en **procesos** gerenciales y me pasé a la consultoría

---

[2] https://ufrj.br/
[3] https://www.infnet.edu.br/infnet/instituto/

empresarial. Recientemente, también me convertí en "Certified OKR Practitioner"[4] (C-OKRP), en un maravilloso curso de formación ofrecido por OKR International[5].

A partir de ahí, sumé mi experiencia previa como ingeniero en automatización de procesos industriales y desarrollo de software en tecnologías de la información a mi actual dirección ejecutiva de un laboratorio médico, como gestor de negocios de salud. He acumulado experiencia directiva y certificaciones de licencia profesional en gobierno corporativo, desarrollo empresarial, gerencia general y tecnología. Mantengo mi atención centrada en la alineación estratégica, la creación de equipos de alto rendimiento y el enfoque en la calidad. En el día a día, soy un agente del cambio organizativo, con habilidades de negociación, estrategias creativas y capacidad para reagrupar, reorganizar y obtener resultados. Mis libros también aportan valor a la marca de la empresa como autor

Nuestro "lugar de encuentro" para compartir "todo lo que existe físicamente, la totalidad del espacio y el tiempo y todas las formas de materia, incluidos todos los planetas, estrellas, galaxias y los componentes del espacio intergaláctico" como autor, formador y consultor será, por ahora, **LinkedIn** (https://www.linkedin.com/in/cpbiz/): ¡todo sigue apuntando allí y la mayor parte de la información útil sigue estando allí!

Pronto tengo previsto organizar un nuevo espacio de perfil profesional en **Teachable**, bajo mi propio dominio www.claudiopires.biz, donde se reunirán mis libros, traducciones, cuadernos de consultoría, audiolibros, cursos en línea y nuestra comunidad de práctica.

En **Instagram** @claudiopires.biz, Informo de los progresos realizados y de los próximos planes, ¡al mejor estilo "un café, pastel, un libro y una solución"! ;-)

También me gustaría subrayar que estoy totalmente disponible para

---

[4]https://okrinternational.com/certified-okr-practitioner-okr-coach-certification/
[5]https://okrinternational.com/

el contacto directo: envíame un **e-mail** a contato@claudiopires.biz.

Habiendo llegado hasta aquí, ¡sólo me queda agradecerte todo tu tiempo y atención y desearte una óptima práctica!

De manera sincera y cordial, sigo a disposición y registro mis ¡muchas gracias!

De mis libros y la serie Gestión En La Práctica

A cada ejemplar, menos importa el orden de escritura o de lectura: la publicación de un nuevo libro complementa y avanza la misma serie, que siempre tiene en común el aprendizaje de la gestión en la práctica.

Es una propuesta de mejora continua, de riesgos y oportunidades, de estrategia y evaluación de desempeño: tanto para el autor, como para el lector.

Partimos de cualquier volumen o tema de interés y vamos conformando nuestro propio recorrido: incorporando las lecciones aprendidas y evolucionando hacia nuevos desafíos.

Hoy, son 3 títulos:

• "Gestión Por Procesos En La Práctica: por dónde empezar la cultura del proceso de negocio" – libro 1 de la serie Gestión En La Práctica.

• "Gestión de Negocios: MBA En La Práctica; cómo organizar tu empresa en 100 días" – libro 2 de la serie Gestión En La Práctica.

• "Una Gestión Por Objetivos: OKR y BPM Juntos En La Práctica; la gestión estratégica de tus procesos de negocio" – libro 3 de la serie Gestión En La Práctica.

Todos los libros se están comercializando (de forma no exclusiva) en Amazon[1]: en formatos de libro electrónico Kindle y versión impresa. También lo he estado difundiendo en formato de audio (audiolibros por diversas plataformas) y en traducciones para otros idiomas (preferencialmente, español e inglés). Y para cada libro,

---
[1] https://www.amazon.com.br/kindle-dbs/entity/author?asin=B001JY6EFG

estoy planificando un curso (a distancia, presencial, entrenamiento in-company, webinar, consultoría y mentoría): entra en contacto.

Esta serie representa publicaciones independientes, sin la participación de una editorial establecida: del término *"indie author"* (*"independent author"*). Así, todos los costos, directos o indirectos, corren a cargo del propio autor.

No se trata de la incapacidad de encontrar una editorial que se interese y haga una inversión; se trata más bien de optar por la libertad editorial: publico mi verdad en su totalidad.

Partiendo del principio de escribir con estilo propio y respetando la gramática, el mayor problema de los libros auto publicados radica en que es más raro que se reconozcan y más difícil encontrarlos.

Por eso **tus comentarios marcan la diferencia**: si puedes, envíanos tu valoración e impresiones, disponibles gratuitamente en redes sociales y plataformas de lectura (especialmente en Amazon**).

¡Esta es una **gran revolución que hay que valorar**!

Y, como autor, espero que mis libros también aporten valor a la marca de tu empresa, en términos de desarrollo profesional y de negocios.

www.ingramcontent.com/pod-product-compliance
Lightning Source LLC
Chambersburg PA
CBHW071942210526
45479CB00002B/779